Tobias Gebler

Klementine oder das Testament

ein Drama in fünf Aufzügen

Tobias Gebler

Klementine oder das Testament
ein Drama in fünf Aufzügen

ISBN/EAN: 9783743415058

Hergestellt in Europa, USA, Kanada, Australien, Japan

Cover: Foto ©ninafisch / pixelio.de

Manufactured and distributed by brebook publishing software
(www.brebook.com)

Tobias Gebler

Klementine oder das Testament

Klementine,

oder

das Testament.

***

Ein Drama
in fünf Aufzügen;
Neue
von dem Verfasser durchaus veränderte Auflage.

Dresden, 1774.
In der Waltherischen Hofbuchhandlung.

Zwo Ausstellungen sind der Klementine von den Kunstrichtern vorzüglich gemacht worden: Erstens, daß komische Auftritte zuweilen rührende Situationen unterbrächen, und ihren Eindruck minderten. Zweytens: daß an einem Tage allzuviele Entdeckungen geschähen, welche, ob sie schon möglich seyen, dennoch gegen die Wahrscheinlichkeit liefen, und überdieß die Aufmerksamkeit des Zuschauers von der Hauptperson ablenkten.

Der Verfasser hat beyden Erinnerungen in dieser neuen Auflage sich gefüget. Die Bedientenscenen sind verkürzt, und in der Rolle des Gerichtschreibers so wenig komisches, als möglich war, gelassen worden. Die Gräfinn Holdberg hat von ihrem todtgeglaubten Gemahl schon Nachricht; sie ist ihm nach Belfort entgegen gereiset. Er, der Gemahl, hat bereits zu Florenz in Erfahrung gebracht, daß seine Tochter noch lebe, und sich auf dem Belfortischen Schlosse befinde. Es bleibt also nur noch übrig, daß auch die Gräfinn Holdberg in Klementinen ihre Tochter, und Klementine ihre Aeltern, kennen lerne. Jene Entdeckung geschiehet außer der Scene, zwischen dem vierten und fünften Act; diese aber, wie vorhin, durch Dalheims Ungeduld, vor den Zuschauern.

Laurens Charakter ist unverändert geblieben. Die größten Meister der Kunst haben noch gräßlichere auf die Bühne gebracht. Was für Ungeheuer sind nicht Atreus und Thyest, Medea, Richard der Dritte, Marwood? Des Dichters Pflicht ist nur, jede seiner Personen der entworfenen Schilderung, und den Umständen, worein er sie setzt, gemäß handeln zu lassen.

Die übrigen Veränderungen, besonders auch des Dialogs, den man lebhafter und geschmeidiger zu machen gesucht hat, werden dem Leser von selbst in die Augen fallen.

Personen:

Klementine, eine in dem Belfortischen Hause erzogene Unbekannte.

Gräfinn Holdberg.

Graf Holdberg, ihr Gemahl.

Graf Dalheim.

Laura Bland.

Bland, Laurens vermeynter Anverwandter.

Leonore, Kammerjungfer.

Ein Commiſſär vom Gericht.

Ein Gerichtsſchreiber.

Ein Doctor der Arzneykunſt.

Friedrich, des Grafen Dalheims Bedienter.

Jacob, ein Bedienter des Belfortiſchen Hauſes.

Andere Bedienten, und Gerichtsdiener, die nicht reden.

Die Handlung gehet in dem Belfortiſchen Schloſſe, ohnweit einer Provinzſtadt, vor, und dauert vom Vormittag bis auf den Abend.

Erster Aufzug.

Ein großes Zimmer des Belfortischen Schlosses, mit einer Mittelthüre und zwo Seitenthüren. Rechter Hand vorwärts ein Tisch, und ein Stuhl darneben. Die Bedienten tragen brennende lange Kerzen, wie man bey Leichen hinzustellen pflegt, quer über das Theater. Andere bringen die Ueberbleibsel der ausgelöschten zurück. Alles in einer traurigen Stille. Klementine kömmt von der Seite heraus, tritt langsam hervor und setzt sich.

Erster Auftritt.

Klementine allein.

So raubt, in kaum sechs Monaten, der Tod mir Beyde! — Euch, die einzigen Stützen einer Verlassenen! — Zuerst Dich, vollkommene Belfort! theuerste Mutter! Ja, Mund und Herz geben Dir diesen Namen. — Und nun auch Du, unglücklicher Baron! —

Wie bald folgſt Du einer Gemahlinn nach, deren Werth Du zu ſpät kennen lernteſt! —
Schrecklicher Zufall! In drey Stunden geſund
und erblaſſet!

(ſtützt den rechten Arm auf den nebenſtehenden Tiſch.)

Zweyter Auftritt.

Klementine.　Leonore.

Leonore. Ueberlaſſen Sie ſich nicht ganz ihrem Schmerzen, Fräulein Klementine! —
Seit geſtern in kein Bette, nichts zu ſich genommen, immer geweint! — Sind zwo Leichen
in ſechs Monaten nicht genug? Wollen auch
Sie die Zahl noch vermehren? — Nein! lange
ſollen Sie leben; lange die reiche Erbſchaft ge-
nießen. Denn gewiß ſtehet Ihr Name im Teſtament.

Klementine. Ach, Leonore! ich verlange nicht,
Belforts Erbinn zu werden. Zufrieden mit
dem, was ich ſchon durch ſeine Güte beſitze, erwart' ich nur der Gräfinn Holdberg Ankunft,
um mich in ein Kloſter zu verſchließen.

Leonore. Immer das Wort: Kloſter! Giebt
es kein ſchöners? — Doch gut, kömmt nur
die Gräfinn, ſie wird Ihnen den Gedanken
ſchon ausreden.

Klementine. Nein! mich in meinem Vor-
ſatz beſtärken — Welches Glück, daß die wür-
dige Dame eben jetzt, wo ich ihren Beyſtand
am nöthigſten brauche, hier erſcheinet!

Leonore. Ganz außerordentlich müſſen Sie
von ihr geliebt werden. Oft hört' ich zu, wenn
die ſelige Baroninn Ihnen der Gräfinn Briefe
vorlas. — Nun, die Gräfinn hat keine Kin-
der; vielleicht nimmt ſie Sie mit ſich nach
Meyland.

Klementine. Darum werd' ich bitten. Wenn
nur nicht etwa des Barons unvermutheter Tod
den ganzen Reiſeplan ändert!

Leonore. Ihre Beſtürzung wird groß ſeyn.
In neunzehn Jahren hat ſie den Baron nicht
geſehen; und jetzt, da ſie, ſo zu ſagen, ſchon
auf dem Wege iſt, ſtirbt er. — Zwar die gute
Gräfinn hat weit ſchmerzlichere Zufälle erlebt.
Gemahl und Tochter wurden ihr entriſſen! Dieſe
auf immer; jenen beweinte ſie ſechszehn Jahre
lang als tod!

Klementine. Wenn mein Herz noch Freude
empfinden kann, ſo iſt's über die Wiederverei-
nigung des würdigſten Paars. Möchten wir
beyde bald hier ſehen! (ſie ſtehet auf) Doch, es iſt
Zeit, daß ich meinen Brief an die Gräfinn

A 5

schließe. Laura und Bland könnten auch kommen. Ihr Anblick wäre mir jetzt unerträglich.

Leonore. Sie sind frölich, lustig, als ob sich gar nichts zugetragen hätte.

Klementine. Die Undankbaren!

Leonore. Was ist von Lauren anders zu erwarten? — Die niederträchtige Kreatur! Wie doch der arme gnädige Herr sich so lange Zeit von ihr verblenden lassen konnte! — Aber auch Bland, den der Baron aus dem Staube zog, für den er eben eine Officiersstelle suchte! — Er mag so wenig Laurens Vetter seyn, als diese eines Hauptmanns Wittwe ist. Eine ganz andere Verwandtschaft! — Und dabey erkühnt sich der Mensch noch, auf Fräulein Klementinen Blicke zu werfen. Zwar nur verstolen; denn merkt' es seine sogenannte Frau Muhme —

Klementine. Die Thüre öfnet sich. Ich eil' in mein Zimmer.

(Gehet ab; Laura tritt durch die Mittelthüre ein.)

Dritter Auftritt.

Leonore. Laura.

Laura. (Nachdem Klementine fort ist) Sie weicht mir aus. Ohne mich eines Anblicks zu würdigen. Die Stolze! In ihrer Einbildung ist sie schon des Barons Erbinn.

Leonore. Klementine verdient dieß Glück.

Laura. (spöttisch) Sie steht sehr bey ihr in Gnaden. — Fräulein Klementine? Ha, ha, ha. Ein Findelkind, Fräulein! — Der Himmel weiß, wem es angehört. Zwar auch die Baroninn, die es von Florenz mitbrachte, hätt' ihren kleinen Engel gern für eine verirrte Prinzeßinn ausgegeben. Ha, ha, ha!

Leonore. Ey, wie aufgeräumt, Madam Laura! Ich hätte geglaubt, der Verlust des Barons sollte mehr zu Herzen gehen.

Laura. Wird durch Klagen der Tode lebendig? Kann man wohl im Ernst einen Alten beweinen, der noch dazu verdrüßlich zu werden anfieng? —

Leonore. (schnell) Aber nicht aufhörte, Sie mit Wohlthaten zu überhäufen! Der, blos wegen Madam Lauren, mit Herrn Blanden ein gleiches that.

Laura. Es wäre gar nicht zu viel, Jungfer Leonore! wenn sie mir, und dem Herrn von Bland, die Titel gäbe, die uns gebühren. Wir sind wenigstens von eben so gutem Herkommen, als ihr Fräulein Klementine, das sie, seit dem Tode der Baroninn, zu bedienen sich nicht schämt.

Leonore. Ich gehorche dem Befehle meines Herrn, und ich thu' es gern. Klementine hat so viel Edles an sich, daß man sie verehren muß. Schönheit, Verstand, Tugend —

Laura. (unterbricht sie höhnisch) Tugend? Ist's ihr Ernst? Glaubt sie, daß der Baron ein Mädchen, von achtzehn Jahren, ohne Ursache im Hause behielt? Auch nach dem Tode seiner Gemahlinn? Er, der so viel Schwachheit für unser Geschlecht hatte?

Leonore. (aufgebracht) Das geht zu weit! Klementinens Ehre laß' ich nicht antasten. Mein armer verstorbener Herr hatte Schwachheiten; es ist wahr: aber verabscheuet hätt' er auch den Gedanken, einer Person nachzustellen, die unter seinem Schutze stand, die er, wie seine Tochter ansah.

Laura. Nun, wenn Klementine dem Baron so gleichgültig war, wenn er seine Pflegtochter so zärtlich, und doch so unschuldig liebte, warum sah er Dalheims Neigung zu ihr ungern? (im spöttischen Ton) Fräulein Klementine hätte ja mit einem Grafen ihr Glück gemacht?

Leonore. Der Baron handelte als ein rechtschaffener Mann. Konnt' er den Sohn seines

Freundes, den einzigen Zweig eines alten Gräflichen Hauses, eine Unbekannte heyrathen lassen?

Laura. Gut, Jungfer Leonore! Ich lobe sie, daß sie ihre Freunde so eifrig vertheidiget. Nehme sie auch mich in die Zahl auf; es soll ihr Schade nicht seyn. — Jetzt etwas anders: Ist schon alles zum Empfang der Commiſſarien bereit?

Leonore. Ich werde nachsehen.

(Geht ab.)

Vierter Auftritt.

Laura allein.

Ha! traue meinen Liebkosungen! Sobald ich hier den Meister spiele, mußt du zuerst fort. — (voll Grimm) Und du, verhaßte Klementine, zittere!

(Sie sieht Blanden eintreten, und geht ihm entgegen.)

Fünfter Auftritt.

Laura. Bland.

Laura. Bald, mein lieber Bland! bald ist unser Werk ausgeführt; noch heut theil' ich Belforts Vermögen mit Dir.

Bland. Alles nach Wunsch. Kaum ist das falsche Testament zu Stande gebracht, so stirbt der Baron. Gar leicht hätt' er, mit seiner Kränklichkeit, noch Jahre lang dauern können! Und, wenn ihm dann der Gedanke eingekommen wäre, seinem letzten Willen etwas beyzusetzen?

Laura. O! dafür hatt' ich gesorgt, den Schlüssel auf die Seite geschafft. Das Schloß ist künstlich. Bis ein Schlosser aus der Stadt gekommen wäre, blieb Zeit genug übrig, das ächte Testament wieder an seinen Ort zu legen. — Aber, Bland, vergiß ja nicht solches zu verbrennen.

Bland. Noch heute soll es geschehen.

Laura. Wie werden sie erstaunen, wenn sie hören, daß ich Universalerbinn bin; daß die Holdberginn und Klementine nur Legate bekommen! — Ein Hauptstreich ist, daß wir die Hausleute wohl bedacht haben. Jetzt liegt ihnen selbst daran, daß es beym Testamente bleibe. Keiner sagt was, oder forscht nach, wenn er gleich Argwohn hätte.

Bland. Aufrichtig, Laura! Ist es mit des Barons geschwinden Tode natürlich zugegangen?

Laura. Welche Frage! — Hatt' er nicht
oft gefährliche Koliken?

Bland. Ich höre doch murmeln. Man
that es auch, als die Baroninn starb.

Laura. Sey unbekümmert, auf alles ist vorgesehen.

Sechster Auftritt.

Die Vorigen. Jacob (mit ein paar Briefen in der
Hand.)

Jacob. (zu Lauren) Briefe von der Post. Ein
halber Gulden dafür.

Laura. (giebt ihm Geld) Da ist er, und noch ein
ganzer Gulden für eure Mühe.

Jacob. Ich bedanke mich, Madam Laura!
Wenn doch alle Viertelstunden die Post ankäme!
(Geht ab.)

Siebenter Auftritt.

Laura. Bland.

Bland. Sehr freygebig!

Laura. Du weißt die Ursache. (sie betrachtet die
Briefe, und steckt den einen schnell ein) Dieser ist an mich. —

Von wem der andere? (sie betrachtet das Siegel) Ha!
von der Holdberg. Ich kenne das Wappen.

Bland. Wir müssen ihn lesen.

Laura. (giebt Blanden den Brief) Das war auch
mein Gedanke.

Bland. (eröfnet ihn, und lies't:)

„Liebster Baron! Sie wissen, daß ich
„meinen Gemahl in der Hauptstadt er-
„wartete, um Sie hernach mit ihm zu
„besuchen. Heute schreibt er mir von
„Florenz: er werde sich geraden Wegs
„nach Belfort begeben. Wichtige Ur-
„sachen, die er mir mündlich eröfnen
„wolle, hätten ihn zur Abänderung
„seines ersten Plans bewogen.”

Laura. Wie? Vielleicht sind beyde schon in
der Nähe.

Bland. (lies't weiter:)

„Ich habe augenblicklich die Postpferde
„bestellt. Noch diesen Abend gedenke
„ich abzureisen, und nach wenig Tagen
„hoffe ich einen alten Freund wieder zu
„umarmen, der, ohngeachtet der langen
„Entfernung, nie aus meinem Gedächt-
„niß kam. Der junge Graf Dalheim
„begleitet mich. Wie sehr freue ich
                                    „mich

„mich darauf, meine liebe Klementine
„nun auch von Perſon kennen zu
„lernen!

　　　„Amalie Gräf. v. Holdberg.‟

Laura. Auch Dalheim, der in Klementinen
vernarrt iſt.

Bland. Den Streich hätten wir nicht erwartet.

Laura. Wo bleiben doch die Commiſſarien?
Welche Langſamkeit! Längſt ſollten ſie da ſeyn. —
Bin ich einmal erklärte Erbinn, ſo mögen die
Holdberg und Dalheim anderswo ihr Quar-
tier ſuchen.

Achter Auftritt.

Die Vorigen. Jacob.

Jacob. Eben jetzt fuhr ein Wagen zum
Thor herein.

Laura. (ſchnell) Die Commiſſarien?

Jacob. Nein, Reiſende. Sie ſind ſtark
bepackt.

Bland. Die Holdberg und Dalheim. Wir
wollen uns nicht gleich vor ihnen ſehen laſſen.

　　　　　(Laura und Bland gehen eilig ab.)

B

Neunter Auftritt.

Jacob allein.

Holdberg? — Die Gräfinn, von der der gnädige Herr so oft sprach? Der's so wunderlich gegangen ist, die ihren Mann erst wieder gefunden hat? — Meinetwegen sie, oder eine andere. Nur gut, daß Dalheim mit kömmt. O, der freygebige Cavalier! Wie manchen harten Thaler hat er mir geschenkt. — Der war verliebt! — Und auch sein Friedrich, ein braver Mensch!

Zehenter Auftritt.

Jacob. Friedrich im Reisehabit.

Jacob. (läuft Friedrichen entgegen) O, willkommen, mein lieber Friedrich! Eben dacht ich an Dich. Tausendmal willkommen!

Friedrich. Wie geht Dir's, guter Junge? Was habt ihr gemacht, daß ihr euren Herrn habt sterben lassen?

Jacob. Es war nicht unser Wille. Kehrt sich der Tod an was? Doch erschrocken werdet ihr seyn, als ihr das Unglück hörtet?

Friedrich). Beym Ausſteigen die erſte Zeitung! Unſere Gräſinn wäre bald umgeſunken.

Jacob. Du wirſt Lauren begegnet haben?

Friedrich. Ihr und ihrem Vetter. Keines
hielt mir Stand. Die verlieren an dem Baron was Großes. Doch, ich bedaure ſie nicht.

Jacob. Du warſt nie ein Freund von Lauren. Dagegen mag ſie auch Dich, und deinen
Herrn, nicht.

Friedrich. O! Anfangs war ſie meinem
Grafen gar nicht abhold. Welches ſchöne
Mannsbild gefällt ihr nicht? Aber als mein
Herr ihre Reize verſchmähte, als er ſich in Kle-
mentinen verliebte — da hätte ſie uns mit den
Augen umbringen mögen.

Eilfter Auftritt.

Die Vorigen. Leonore.

Leonore. Ich ſuch ihn, Herr Friedrich!
Sein Graf will ſich umkleiden. Sobald wieder
bey uns?

Friedrich. Durch den glücklichſten Zufall
von der Welt. Mein Herr hat die Gräſinn
Holdberg zu Mayland kennen lernen. Ganz
unverhoft trifft ſie in der Hauptſtadt ein. Mein

Herr sieht sie; erneuert die Bekanntschaft. Er hört von ihr, daß sie den Baron Belfort besuchen will. Wir bieten uns an, Gesellschaft zu leisten.

Leonore. Und Dalheims Oheim, ertheilte der seine Erlaubniß zur Reise?

Friedrich. Er war abwesend.

Leonore. Hat Dalheim der Gräfinn seine Neigung zu Klementinen entdeckt?

Friedrich. Bewahre der Himmel!

Leonore. Was wird sie sagen, wenn sie die Sache erfährt?

Friedrich. O! so weit denken Verliebte nicht. Doch, ich vergesse, daß ich berufen worden bin.

(Friedrich und Jacob gehen ab.)

Zwölfter Auftritt.

Leonore allein.

Arme Klementine! Dalheims Ankunft fehlte noch. Alles vereinigt sich, dein Herz zu bestürmen. — Mir selbst ist heut, ich weiß nicht wie. — Unser Schicksal nähert sich seiner Entwicklung. Möchte sie glücklich seyn!

(Sie folgt den Bedienten nach.)

Ende des ersten Aufzugs.

Zweyter Aufzug.

Der Schauplatz stellt der Gräfinn Zimmer vor.

Erster Auftritt.

Gräfinn Holdberg. Klementine.

Gräf. Holdberg. (reicht Klementinen freundlich die Hand)

Ja, meine Tochter! Ich tret' an die Stelle meiner Freundinn. Von nun an betrachte mich als Mutter.

Klementine. (küßt der Gräfinn gerührt die Hand) O, seyn Sie es, auf immer seyn Sie es! Dank und Entzücken erfüllen meine Brust. — Wie sehr hat Klementine Beystand nöthig! Ohne Rath, ohne Führer. Gegen ihr eigenes Herz mißtrauisch! — Ach, theuerste Gräfinn! Sie kennen noch nicht das ganze Anliegen ihres Kindes.

Gräf. Holdberg. Was ist Dir, meine Tochter? Schütte dein Herz frey aus. Verbirg deiner Mutter nichts. — Du schweigst; Du wendest die Augen weg! — Wie! hättest Du Dir etwas vorzuwerfen?

B 3

Klementine. (furchtsam) Nichts, beste Mutter! — Aber Streit zwischen Vernunft und
Leidenschaft! — Dalheim! —

Gräf. Holdberg. (schnell) Dalheim? Er vielleicht Dein Liebhaber? — Du erröthest. —
Ist es lang, daß ihr einander kennt? Gabst Du
ihm Hofnung?

Klementine. (getrost) Die Wahrheit soll aus
dem Mund ihrer Tochter reden. Es war kurz
nach dem Tod der Baroninn, als Graf Dalheim zum erstenmal hieher kam. Sein Be-
such sollte wenig Tage dauern; sechs Wochen
wurden daraus. Ich war die Ursache. Dalheims Blicke, sein ganzes Betragen, entdeckten
vom ersten Tage an, die heftigste und zugleich
die ehrerbiethigste Liebe. Ich bekenne es, mein
Herz blieb nicht ungerührt. Was für Gewalt
mußt' es sich anthun, seine Empfindungen zu
verbergen!

Gr. Holdberg. Ich zittere für Dich!

Klementine. Dalheim trug mir auf das feyer-
lichste seine Hand an. — Ich stellt' ihm alle
Hindernisse vor; fügte sogar hinzu, daß, wenn
er auch sie überwände, ich dennoch ihn nie einen
Schritt thun lassen würde, der gewisse Reue
nach sich zöge. — Nichts half. Ohn' Unter-

laß wiederholt' er sein Bitten. Er weinte; er schwur, er warf sich mir zu Füßen. — Ich mußte zuletzt dem Baron die Sache anzeigen. Dieser machte, daß Dalheim, unter einem andern Vorwand, abgerufen wurde.

Gr. Holdberg. Laß Dich umarmen, meine Tochter! Ein herrlicher Sieg! — Doch sag mir jetzt deinen Plan. Du erkennest selbst die Größe der Gefahr.

Klementine. Längst war er festgestellt. Klementine entsagt einer Welt, in der sie nichts zu hoffen hat.

Gräf. Holdberg. Wie aber, wenn Du Belforts Erbinn wärest? — Warum ein Kloster? Entfernung ist genug. — Folge mir nach Mayland; vertritt die Stelle einer einzigen Tochter, die, wenn sie noch lebte, in Deinem Alter seyn würde. Und beharrest Du auch dort auf deinem Vorsatz, so erwähl' einen Ort, wo deine Mutter Dich zuweilen sehen, zuweilen umarmen kann.

Klementine. (küßt der Gräfinn die Hand) Ja, das will ich thun. Meinen Vorsatz bricht nichts; aber von Ihnen, theure Gräfinn! entfernt sich Klementine nicht mehr.

B 4

Zweyter Auftritt.

Die Vorigen.　Friedrich.

Friedrich. Mein Herr läßt sich erkundigen,
ob Euer Gnaden schon umgekleidet seyen?

Gräf. Holdberg. Ich erwart' ihn. (nachdem
Friedrich) hinausgegangen) Bleib in dem Nebenzim-
mer, Klementine! Es ist gut, daß Du unser
Gespräch anhörest.

(Klementine geht so ab, daß sie Dalheimen nicht begegnet.)

Dritter Auftritt.

Gräfinn Holdberg.　Graf Dalheim.

Gr. Dalheim. (der sich im Zimmer umsieht) Wie
befinden Euer Gnaden sich auf die Reise?

Gr. Holdberg. Recht gut. Setzen Sie sich,
Graf! Sie scheinen unruhig. Wornach sehen
Sie sich um?

Gr. Dalheim. Ich betrachte das Zimmer.
Es kam mir vor, als ob während meiner Abwesenheit einige Veränderungen geschehen wären.

Gr. Holdberg. Hat sich bey Ihnen seitdem
nichts geändert.

Gr. Dalheim. Was wollen Euer Gnaden
damit sagen? (setzt sich)

Gräf. Holdberg. Ich meyne, ob Ihnen das noch immer gefällt, was Sie ehemals so lang hier aufhielt?

Gr. Dalheim. (betroffen) Was mich hier aufhielt? — Ob das mir noch gefällt?

Gräf. Holdberg. Keine Verstellung, Dalheim! Man weiß alles. Ich hätte Ursach, empfindlich zu seyn. Sie verschweigen mir Ihre Neigung zu Klementinen; Sie lassen mich eine Rolle spielen, die sich nicht für mich schickt! Der Fehltritt sey Ihnen verziehen; aber hier dörfen Sie nicht bleiben.

Gr. Dalheim. (mit Empfindung) Ach, gnädige Frau! ich bekenne meine Schuld. Doch ehe Sie mich so grausam bestrafen, hören Sie mich. — Es ist wahr, ich liebe Klementinen; zu wenig gesagt, ich bete sie an. Die Furcht, nicht mitgenommen zu werden, meine Klementine nicht zu sehen, hat mich abgehalten, Ihnen früher das Geständniß zu machen. Klementine selbst, wenn sie vor Ihren Augen erscheinen würde, sollte die Flamme, die sie in mir entzündet hat, rechtfertigen. — Sie kennen sie jetzt. Ist nicht Schönheit, Vernunft, Tugend, alles, was reizen, was fesseln kann, in ihr vereint? Und Dalheims Herz hätt' unempfindlich bleiben

B 5

ſollen! (er wirft ſich der Gräfinn zu Füßen) Ach, theuerſte Gräſinn! haben Sie Mitleid mit ihm; er
iſt unglücklich genug. Man weigert ſich, ihm
Gehör zu geben. Man ſetzt ſeinen Wünſchen
Bedenklichkeiten entgegen, die man für unüberwindlich hält, und die doch nur Folgen elender
Vorurtheile ſind.

Gräf. Holdberg. Stehn Sie auf, Dalheim!
Hören Sie mich gelaſſen an.

Gr. Dalheim. (ſteht auf) O! ich errathe, was
man mir ſagen wird.

Gräf. Holdberg. Vielleicht nicht alles. Beantworten Sie einige Fragen. Die erſte iſt:
Was haben Sie für Abſichten?

Gr. Dalheim. Für Abſichten? — Sollte
man wohl gar — ? Keine andere, als welche
die reinſte Tugend einflößt. Mich mit einer Perſon, deren Werth ich allen Schätzen der Welt
vorziehe, durch unauflößliche Bande zu ver-
knüpfen.

Gräf. Holdberg. (gelaſſen) Sind Sie Herr
über Ihre Handlungen? Hängen Sie von niemanden ab?

Gr. Dalheim. Als ob man nicht wüßte, daß
ich noch unter meinem Oheim, dem Grafen
Hochburg, ſtehe?

Gräf. Holdberg. (in dem vorigen gelaſſenen Ton)
Nun dieſer Oheim, der Sie ſo zärtlich liebt,
von dem Sie Ihr Glück erwarten, ſollte der
nicht zuerſt von Ihren Abſichten unterrichtet
ſeyn? — Geſchah es? Gab er ſeine Einwilligung?

Gr. Dalheim. Man ſpotte meiner. Wäre
das, was blieb mir zu wünſchen übrig? Sagt'
ich nicht, daß es Vorurtheile gäbe —

Gräf. Holdberg. (ernſthaft) Die Sie allein
nicht abbringen werden. — Dalheim! ich bedaure Sie. Klementine verdient Ihre Hoch-
achtung; ich ſage mehr, Ihre Liebe; aber eine
Unbekannte, deren Abſtammung vielleicht die
niedrigſte iſt, kann nicht Ihre Gemahlinn werden. Die ganze Dalheimiſche Familie, Graf
Hochburg, alle andere Familien, vom erſten
Range, würden ſich widerſetzen; der Hof ſelbſt
die Heyrath nicht zugeben. Ueberlegen Sie
dieſe Schwierigkeiten. Man ſagt Ihnen die
Wahrheit, ſie ſind unüberwindlich. — Noch
iſt es Zeit. Fliehen Sie Klementinen; fliehen
Sie alles, was Ihrer Flamme Nahrung giebt!
Sie wird nach und nach erlöſchen; ein anderer
Gegenſtand wird Dalheims Herz rühren. Er
ſelbſt wird alsdann ſich verwundern, wie er glau-

ben konnte, sein Glück beruhe auf einer einzigen
Person.

Gr. Dalheim. (der während der Rede der Gräfinn,
besonders gegen das Ende, seine Ungeduld zu erkennen giebt;
lebhaft) Ja, es beruhet auf ihr. — Meine
Flamme erlöschen? ein anderer Gegenstand mich
rühren? — Nein! Sie kennen Dalheimen,
Sie kennen seine heftige Liebe nicht. Stimmt
nur Klementine ein, was acht' ich alles andere! —
Bald erreich' ich die Volljährigkeit; wer kann
alsdann sich der Heyrath entgegen setzen? —
Man fliehe uns; man blicke mit stolzer Verachtung auf mich und die vollkommenste Gattinn herab. — Klementine ist mir genug. Der
Glanz ihrer Eigenschaften zertheilt endlich den
Nebel der Vorurtheile; die Decke fällt von den
Augen; man entschuldigt, man billigt Dalheims Wahl.

Gräf. Holdberg. Ich sehe, meine Vorstellungen machen keinen Eindruck. Vielleicht
richtet Klementine mehr aus. Sie hat alles
angehöret.

Gr. Dalheim. Klementine, eine Zeuginn unsers Gesprächs?

Gr. Holdberg. Komm herein, meine Tochter!

Vierter Auftritt.

Die Vorigen. Klementine.

Graf Dalheim. (eilt Klementinen entgegen, küßt ihr mit Empfindung die Hand, ohne daß sie es wehren kann) O, meine theuerste Klementine! man will mich überreden, Ihnen zu entsagen. Kann ich es? Versuchten nicht Sie selbst schon alles? — Nein, tausendmal wiederhol' ich meinen Schwur: Klementine, oder keine andere, wird Dalheims Gemahlinn.

Klementine. (die sich los macht, und zu der Gräfinn hervortritt) Nichts kann schmeichelhafter für mich seyn, als Ihre Absichten, Herr Graf! Ich erkenne den ganzen Werth der Ehre, die Sie mir erweisen. Nie wird bey mir die Dankbarkeit erlöschen; aber auch nie werd' ich vergessen, was für Pflichten der Unterschied des Standes Ihnen, und mir, auflegt. — Folgen Sie dem Rathe dieser würdigen Dame. Ihre Gründe werden Sie überzeugen, sobald Sie die Leidenschaft schweigen heißen.

Gr. Dalheim. Unerbittliche! Auch Sie wider mich? — Was verlangt der unglückliche Dalheim? — Daß man ihm schon jetzt die Hand reiche? — Begnügt er sich nicht mit der

entfernteſten Hofnung? Sogar dieſe ſchlägt man
ihm ab!

Klementine. Weil ſie vergeblich ſeyn würde.

Gr. Dalheim. Vergeblich?

Klementine. Laſſen Sie mich vollenden. Ge-
ſetzt, der Hof willigt ein, Sie erreichen das
Ziel Ihrer Wünſche; wie lang wird Ihre Zu-
friedenheit dauern? — Von Anverwandten
gehaßt, von Feinden verſpottet, nur von weni-
gen aufrichtigen Freunden bedauert; ſehn Sie
ſich, mit dem Gegenſtand einer Neigung, der Sie
alles aufopferten, gleichſam von der ganzen Welt
abgeſondert. Vor Ihren Augen ſteigen andere
durch glückliche Verbindungen empor. Sie
lernen Perſonen kennen, die, zu allen übrigen
Vollkommenheiten, den Glanz der Geburt hin-
zufügen. — Wird alsdann Klementine ſich
Ihren Augen noch eben ſo darſtellen, wie ſie
Ihnen jetzt in der Bezauberung der Liebe erſcheinet? Werden Sie nicht unglücklich, Ihre
Gattinn noch weit unglücklicher ſeyn? — Ach,
Dalheim! Hören Sie eine Freundinn, hören
Sie Klementinen ſelbſt! Soll dieſe Sie fuß-
fällig darum bitten? (ſie will vor Dalheimen niederfallen)

Gr. Dalheim. (der es nicht zuläßt) Wie! Sie
knien vor mir? Sie bitten? — Um was?

Grauſame! — Ha! Dalheim ſoll Sie vergeſ-
ſen, und Sie zeigen ihm Geſinnungen, die Sie
in ſeinen Augen Fürſtinnen gleich ſetzen? —
Ach, Klementine! verſchieben Sie wenigſtens
mein Endurtheil. Dieß Herz ſagt mir, Sie
ſind mehr, als Sie zu ſeyn ſcheinen. Die Dun-
kelheit Ihrer Geburt wird ſich aufheitern.

Klementine. Vergebliche Hofnung! Klementine bleibt eine Unbekannte. Sie erwählt
den Theil, den ihr die Vernunft vorſchreibt;
ein Kloſter iſt ihre Zuflucht. Die beſte, die
gütigſte Gräfinn nimmt mich mit ſich nach Mayland, verſchafft mir dort die Ruhe, die ich ſuche.
O! Sie thun es doch, theuerſte Mutter?
(küßt der Gräfinn die Hand)

Gräf. Holdberg. Ja, mein Kind! ich erfülle mein Verſprechen.

Gr. Dalheim. (heftig) In ein fremdes Land
wollen Sie ziehen? Die weiteſte Entfernung
ſoll uns trennen? — Grauſame! — Abnei-
gung iſt es, die Sie unerbittlich macht. Sie
haſſen mich!

Klementine. Ich Sie haſſen, Dalheim! —
leidet mein Herz nicht ſchon genug? Müſſen
noch ungerechte Vorwürfe — Ach, Gräfinn!
kommen Sie Ihrer Tochter zu Hülfe.

Gr. Dalheim. (kniend, und Klementinens Hand küssend, mit größter Empfindung) Englische Klementine! wär' es möglich? Hätt' endlich mein Bitten, hätten meine Thränen —

Gräf. Holdberg. (zu Dalheimen) Fassen Sie sich, Dalheim! Bedenken Sie, wo Sie sind; was man von Ihnen, von uns allen denken würde, wenn man Sie in dieser Stellung anträfe! (er steht auf) Ist Klementine nicht unempfindlich, so folgen Sie ihrem Beyspiel; bey ihr siegt Vernunft über Leidenschaft.

Fünfter Auftritt.

Die Vorigen. Jacob.

Jacob. (zu der Gräfinn) Euer Hochgräflichen Gnaden will unsere Frau von Bland aufwarten; auch ihr Vetter.

Gräf. Holdberg. (zu Klementinen) Frau von Bland? — Vielleicht Laura, von der wir vorher sprachen.

Klementine. Eben dieselbe.

Gräf. Holdberg. (zu dem Bedienten) Sie mögen beyde kommen.

Sechster

Sechster Auftritt.

Gräfinn Holdberg. Klementine. Graf
Dalheim.

Gräf. Holdberg. Man hält Lauren für eine
Officiers Wittwe. Auf diesen Fuß empfang
ich sie noch jetzt.

Siebenter Auftritt.

Die Vorigen. Laura. Bland.

Gräf. Holdberg. (läßt Klementinen neben sich sitzen,
und zeigt Lauren den ihnen beyden gegenüber stehenden Stuhl,
worauf sie auch Platz nimmt, jedoch durch Mienen ihren Verdruß
zu erkennen giebt. Graf Dalheim stellt sich hinter Klementinen,
Bland neben Lauren.)

Laura. (zu der Gräfinn) Mein Vetter, und ich,
kommen zur Ankunft Glück zu wünschen.

Gräf. Holdberg. Ich bin Ihnen verbun-
den, Madam! — Unsere Bekanntschaft fängt
in traurigen Umständen an.

Laura. Nicht einmal bekam der gute Baron
noch eine Anverwandte zu sehen, die er mit Ver-
langen erwartete.

Gräf. Holdberg. Ohne Zweifel hat der
Schmerz über den Tod der würdigsten Gemah-

C

linn auch seine Tage abgekürzt. — Sie haben
die Baroninn gekannt, Madam?

Laura. Erst vor sechs Monaten ist sie gestorben, und drey Jahre bin ich im Hause. Ein
Zufall brachte mich hieher. Des Barons und
seiner Gemahlinn Bitten hat mich so lang auf-
gehalten.

(Dalheim redet leise mit Klementinen, und diese lächelt)

Gräf. Holdberg. (zu Blanden) Und seit wann
befinden Sie sich hier?

Bland. Seit acht Monaten. Ich kam,
die Frau von Bland zu besuchen. Sie ist die
Wittwe eines meiner Anverwandten. Der
selige Baron faßte zu mir eine so große Neigung, daß er mich nicht wegließ.

Laura. Ja; er liebte den Herrn von Bland,
wie seinen eigenen Sohn.

Gr. Dalheim. Herr von Bland, Frau von
Bland! — Beyde von Adel?

Laura. Mein verstorbener Gemahl war Of-
ficier in auswärtigen Diensten. Ich hätte nicht
geglaubt, Herr Graf, daß Sie mir diese Frage
stellen würden. Es giebt Personen, bey denen
Ihnen kein Zweifel einfällt.

Gräf. Holdberg. (unterbricht sie) Denken Sie
noch lang hier zu bleiben?

Laura. Ich erwarte die Kundmachung des Testaments, um meinen Entschluß zu fassen.

Gr. Dalheim. Vielleicht sind Frau von Bland, und Herr von Bland, Erben des Barons?

Laura. Der Baron hinterläßt keinen nahen Anverwandten. Wenn er meiner gedacht hätte, würd' er nur die Mühe belohnen, die ich mir, ihm zu Gefallen, um sein Hauswesen gegeben habe. Sie hoffen vielleicht, Herr Graf! einen andern Namen im Testament zu finden?

Bland. Ich für meine Person habe keine Ansprüche; doch des Barons Gütigkeit —

Gr. Dalheim. (unterbricht Blanden) War sehr groß gegen Sie und Ihre Frau Muhme.

Laura. Noch größer für den Gegenstand gewisser zärtlicher Neigungen. (zur Gräfinn) Man wird vermuthlich nicht alles gesagt haben, sonst dörfte (Klementinen verächtlich anblickend) einer, aus bloßem Mitleiden im Hause geduldeten, die Ehre nicht wiederfahren, mit der sie sich brüstet.

Gräf. Holdberg. Ich bitte Sie, Madam Laura! in das nicht hinein zu gehen, was ich weiß, oder nicht weiß, thun, oder nicht thun soll.

Gr. Dalheim. Und ich bitte die Frau von Bland, von gewissen Personen mit der Ehrerbietung zu reden, die man wenigstens ihrer Tugend schuldig ist.

Laura. (mit einem höhnischen Lächeln) Sie haben vielleicht Proben davon, Herr Graf? Man verehret ja alle diese Vollkommenheiten. Doch erinnern Sie sich, daß es noch zu früh ist, hier zu gebieten.

Achter Auftritt.

Die Vorigen. Jacob.

Jacob. Die Commissarien sind angekommen.

Laura. (steht auf) Ich gehe, sie zu empfangen. (zu Graf Dalheimen spöttisch) Sie werden erlauben, daß ich noch auf eine kurze Zeit die Frau vom Hause vorstelle. Bald werd' ich Ihrer tugendhaften Unbekannten Platz machen. (geht ab, mit einer Verbeugung gegen die Gräfinn, ohne Klementinen und Dalheimen eines Anblicks zu würdigen. Bland folgt ihr mit tiefen Bücklingen nach)

Neunter Auftritt.

Gräfinn Holdberg. Klementine. Graf Dalheim. Jacob, der von weitem bleibt.

Gräf. Holdberg. (im Aufstehen zu Dalheimen) Bes-
ser hätten Sie gethan, sich in keinen Wortwech-
sel einzulassen..

Gr. Dalheim. Mein ganzes Blut geräth in
Wallung, so oft ich die Nichtswürdige erblicke.
Ich weiß nicht, wie ich ihr und ihrem Vetter
begegnet haben würde, wenn mich Euer Gnaden Gegenwart nicht zurück gehalten hätte.

Gräf. Holdberg. Beyde verdienen nur Verachtung. Bald hat es so mit ihnen ein Ende.
(Die Gräfinn; Klementine und Dalheim gehen ab.)

Zehenter Auftritt.

Jacob allein. (tritt hervor)

Ich selbst bin begierig zu wissen, ob Kle-
mentine noch unsers Barons Erbinn wird.
Meinetwegen; steht nur ein gutes Legat für mich
im Testamente. — Doch, was werden wir
Hausleute bekommen? Aufs höchste einen
Jahrslohn. — Beschenkten sie einen lieber bey
Lebzeiten, so hätten sie doch die Freude, daß

man sich dafür bedankte. — Ueberhaupt sind
mir die Testamente zuwider. Allezeit muß
jemand dabey gestorben seyn.

Eilfter Auftritt.
Jacob. Friedrich.

Friedrich. Mit euren Leuten vom Gericht
kömmt mir das Ding wunderlich vor. Ein
Commissär, ein Actuarius; dabey noch ein
Doctor und Barbierer, und ein paar Gerichtsdiener zu Pferd! Wollen sie dem Todt den Proceß machen, daß er den Baron so geschwind um-
gebracht hat? Sollen der Doctor und Barbierer den Verstorbenen wieder erwecken?

Jacob. Oefnen werden sie ihn wollen. Bey
den Vornehmen ist schon so der Brauch, daß
sie, wenn sie todt sind, nachsehen lassen, was
ihnen gefehlt hat; weil es die Dectors bey Lebzeiten nicht errathen können.

Zwölfter Auftritt.
Die Vorigen. Leonore.

Leonore. Die Commissarien sind auf der
Stelle zur Leiche gegangen. Man macht An-
stalt, den Baron zu öfnen.

Jacob. Sagt' ich es nicht?

Leonore. Sie reden von schwarzen Flecken, von Gift.

Jacob. Das wär erschrecklich!

Friedrich. Ja, ja! dem Gericht muß etwas hinterbracht worden seyn. Die Baroninn starb eben auch so plötzlich. Man murmelte schon damals allerley.

Leonore. Es ist wahr. Die Baroninn nimmt Abends ihr Pulver ein. Den Morgen darauf bleibt sie über die gewöhnliche Zeit liegen. Wir wollen sie nicht aufwecken; wir sind froh, weil sie über schlaflose Nächte geklagt hatte. Endlich zu Mittage trifft man sie im Bette todt an.

Jacob. Madam Laura suchte noch die Pulverschachtel, um zu sehen, ob die Baroninn über was Unrechtes gekommen wäre. Aber nirgends war sie zu finden.

Friedrich. Das hätte bey mir Verdacht erweckt.

Leonore. Klementine drang auf eine Untersuchung; doch Laura redete es dem Baron aus, weil die gnädige Frau schon einige Zeit kränklich gewesen war. Und hernach hatte ja auch die

Baroninn das Pulver in ihrer eigenen Verwahrung.

Jacob. (zu Friedrichen) Komm, Bruder! Von
uns ist niemand vergeben worden. Wir wollen nachsehen, was im Wirthshause vorgeht.
(Beyde gehen ab.)

Dreyzehenter Auftritt.

Leonore allein.

Ich weiß nicht, was ich denken soll. —
Laura ist eine Lasterhafte. — Nach der Baroninn Todte hofte sie gewiß, gnädige Frau zu werden. Ohne Klementinens Vorstellungen wär
es vielleicht geschehen. — Aber, was für Nu-
tzen konnte des Barons Todt Lauren verschaf-
fen? — Er müßte sie nur zur Erbinn einge-
setzt haben. Verblendet genug war er eine
Zeitlang dazu.

Vierzehenter Auftritt.

Leonore. Klementine.

Klementine. Man versiegelt alle Zimmer,
bis auf der Fremden ihre.

Leonore. Ich wundere mich nicht darüber. Sie reden ja von Gift.

Klementine. Ach, Leonore! ich fürchte, man irrt ſich nicht. Du weißt, was ich ſchon bey der Baroninn Tod urtheilte. — Aber auch mein Zimmer wird verſiegelt. — Ich kann es den Commiſſarien nicht verdenken. Was für Achtung hat eine Unbekannte zu fordern?

Leonore. Und Laura, was ſagt die dazu?

Klementine. Das Weib iſt frecher als jemals. Sie ſelbſt führt den Commiſſar überall herum.

Leonore. Sie weiß ſich alſo ſicher?

Klementine. Ich wünſche, daß ſie unſchuldig, daß der ganze Argwohn vom Gift ungegründet ſeyn möge. Aber mein Herz, mein banges Herz! — Hätt’ ich ſchon dieſen traurigen Ort verlaſſen!

Leonore. Auch ich! — Sie nehmen mich doch mit ſich?

Klementine. Ja! Wir bleiben beyſammen. Deine Freundſchaft rührt mich; Du verſchwendeſt ſie an keine Undankbare. Komm’ ich, ehe Kloſtermauern mich einſchließen, noch in den Stand, jemanden glücklich zu machen: Du ſollſt es ſeyn, Leonore!

C 5

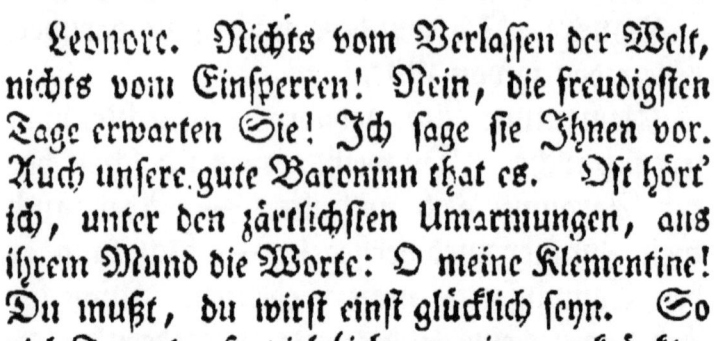

Leonore. Nichts vom Verlassen der Welt,
nichts vom Einsperren! Nein, die freudigsten
Tage erwarten Sie! Ich sage sie Ihnen vor.
Auch unsere gute Baroninn that es. Oft hört'
ich, unter den zärtlichsten Umarmungen, aus
ihrem Mund die Worte: O meine Klementine!
Du mußt, du wirst einst glücklich seyn. So
viel Tugend, so viel Liebe zu einer gekränkten
Mutter, deren einziger Trost du bist!

Klementine. Welches Andenken! (gerührt empor sehend) O theure Mutter! die du deine Klementine so innig liebtest, warum nahmst du sie
nicht mit dir? warum mußte sie allein unter
Ungeheuern bleiben? — Doch, ich rede zu viel,
du liesseft mir ja eine Holdberg, dein Ebenbild;
eine Freundinn in Leonoren.

(Bey den letzten Worten blickt sie Leonoren freundlich an,
umarmt diese, und geht ab. Leonore trocknet sich
die Augen, und folgt Klementinen nach.)

Ende des zweyten Aufzugs.

Dritter Aufzug.

Der Schauplatz stellt wieder das große Zimmer
vor, welches beym ersten Aufzug zu sehen gewesen. An einem in der Mitte stehenden Tische,
sitzt der Commissär; zu seiner Linken, an der Seite
des Tisches, der Gerichtsschreiber. Rechter
Hand, etwas von dem Tische entfernt, sitzen Gräfinn Holdberg, Klementine und Graf Dalheim.
Linker Hand, ihnen gegen über, Laura und Bland.
Auf dem Tische ist ein Schreibezeug und eine
Glocke. Vor dem Commissär und Gerichtsschreiber liegt Pappier. Dieser lies't das Testament
des Barons ab.

Erster Auftritt.

Gräfinn Holdberg. Klementine. Graf Dalheim. Laura. Bland. Der Commissär vom
Gericht. Der Gerichtsschreiber.

Der Gerichtsschr. (lies't)

„Eben so viel; ich sage: Eintausend
„Reichsthaler, hinterlasse ich Frauen
„Arabella Bland, zu einem Andenken,
„und zur Dankbarkeit, für die mit mei-
„nem Hauswesen sich gegebene Mühe.“

Laura. (zeigt ihre Verwunderung, daß sie ihren Namen nur mit einem Legat im Testamente hört; der Gerichtsschreiber wendet das Blatt um.)

Der Commissär. Jetzt sollte die Einsetzung des Erben kommen.

Der Gerichtsschr. (lies't weiter:)

„Da jedoch die Benennung des Erben der
„Hauptendzweck eines Testaments ist: als
„setze ich zur Universalerbinn meines ge-
„sammten, beweglich- und unbeweglichen
„Vermögens, es habe Namen, und liege,
„wo und wie es immer wolle, nichts aus-
„geschlossen, mit vollkommener Macht und
„Gewalt, darüber bey Leben und Sterben
„zu schalten und zu walten, in Betrach-
„tung ihrer ausnehmenden Eigenschaften
„und Tugenden, vornehmlich aber der
„mir, und meiner verstorbenen werthesten
„Gemahlinn, von Jugend auf — (er räu-
spert sich))

Laura. (zu Blanden leise) Was ist das? Von Jugend auf!

Bland. (mit einiger Verlegenheit) Geduld! es wird sich aufklären.

Der Gerichtsschr. (lies't) „von Jugend auf
„erwiesenen kindlichen Liebe und Treue,
„hiermit ein: Klementinen, meine Pfleg-
„tochter —

(Die Gräfinn Holdberg und Graf Dalheim geben Klementinen ihre Freude zu erkennen.

Laura. (auffahrend) Wie? Was? Herr Actuarius! Das kann nicht seyn.

Der Gerichtsschr. (gelassen) Und warum kann
es nicht seyn, Madam? — Hatte vielleicht der
Baron versprochen, Sie zur Erbinn einzusetzen?
Er wird sich anders besonnen haben. Schon
mancher betrog sich in seiner Hofnung auf Erb-
schaften.

Laura. (zu Blanden leise) Was hast Du gemacht?

Der Commissär. lese Er fort, Herr Actuarius! sonst werden wir nicht fertig.

Der Gerichtsschr. (liest) „Klementinen, mei-
„ne Pflegtochter, doch mit der ausdrückli-
„chen Bedingung, daß sie Herrn Lorenz
„von Bland, dem ich eine Compagnie zu
„kaufen im Begriff stehe, heyrathe.
(Alle, bis auf Blanden, erschrecken.)

Graf Dalheim. Betrug! Das Testament
ist verfälscht.

Gräf. Holdberg. Klementine Blanden?

Laura.. (heimlich zu Blanden) Ha, Bösewicht!
(Klementine, ohne etwas zu reden, bezeigt durch Geber-
den ihren Unwillen. Alles dieses geschieht zu gleicher Zeit.)

Der Commissär. Jeder kann hernach seine
Einwendungen vorbringen. Jetzt weiter:

Der Gerichtsschr. (lies't) „Heyrathe. Sollte
„Klementine, wider besseres Hoffen, sich
„nicht alsbald, nach Kundmachung gegen-
„wärtigen Testaments, dazu erklären, oder
„sonst, auf irgend eine Art und Weise,
„meine Erbinn nicht werden, oder wer-
„den können: so setze ich zu meinem Uni-
„versalerben ein, den erst besagten Herrn
„Lorenz von Bland.”

Laura. (leise zu Blanden) Zittere vor meiner
Rache!

Gr. Dalheim. (heftig) Ich bleibe dabey. Betrug, schändlicher Betrug! Ein Landstreicher
Belforts Erbe? Klementinens Gemahl? (er will
dem Gerichtsschreiber das Testament aus der Hand reißen)

Bland. Sie seh'n, Herr Commissär! wie
man mir vor einem löblichen Gerichte begegnet.

Gräf. Holdberg. Mäßigen Sie sich, Dalheim!

Der Commissär. Mein Herr Graf! ich ver-
ehre Ihren Stand; aber vergessen Sie die Achtung nicht, die Sie dem Gerichte schuldig sind.

Der Gerichtsschr. (lies't fort) „Zu wahrer Ur-
„kund dessen, habe ich Franz Joseph, Frey-
„herr von Belfort, nebst den hierzu eigens
„erbetenen Herren Zeugen, doch denselben
„und den Ihrigen ohne Nachtheil und

„Schaden, gegenwärtiges Testament ei-
„genhändig unterschrieben, und sämmt-
„lich unsere gewöhnliche Petschafte hier-
„unter gedruckt. Geschehen zu Belfort ec.“
Jetzt kommen die Unterschriften:

„Franz Joseph Freyherr von Belfort.
„Caspar Maximilian — —

Der Commissär. Genug! Die Unterschriften haben wir schon zuvor gelesen. Setze der
Herr Actuarius jetzt das Publicatum auf das
Testament. (zu Klementinen) Mademoiselle! ich
wünsche zu der Erbschaft Glück. Wie gefällt
Ihnen die angehängte Bedingung? Sind Sie
entschlossen, sie zu erfüllen.

Klementine. Nein, mein Herr! ich entsage
der Erbschaft.

(Graf Dalheim bezeugt seine Freude, Bland seinen Unwillen.)

Commissär. Bedenken Sie sich wohl, Mademoiselle! es ist um ein Vermögen zu thun,
das man auf zweymal hunderttausend Thaler
schätzt.

Klementine. Ich habe alles erwogen, alles
bedacht; ich wiederhole meine Erklärung: Eine
Erbschaft, die mit dieser Bedingung verknüpft
ist, wird von mir nicht angenommen.

Bland. (empfindlich) Man muß Ihnen sehr verhaßt seyn, daß Sie zweymal hunderttausend Thaler aufopfern?

Gerichtsschr. Wozu lang gefragt? Niedergeschrieben!

Commissär. Nein, die Sache ist zu wichtig. Ich gebe der Erbinn bis auf den Abend Bedenkzeit. Das Testament sagt: sie solle sich nach der Publicirung erklären. Das ist nicht auf die Minute zu beschränken. Wenn die Erklärung nur am nämlichen Tage geschieht.

(Der Actnarius nimmt die Schriften, und hält sich zum Abgehen fertig.)

Laura. Wozu der Aufschub? Klementine tritt nicht mehr zurück.

Commissär. Was geht es Sie an, Madam! Sie haben Ihr Legat.

Bland. Auch ich willige in die Bedenkzeit. Mich betrifft die Sache am nächsten.

Laura. (geräth darüber, daß Bland seine Absicht auf Klementinen zu erkennen giebt, in Wuth) Auch Du? — Nein! ich schweige nicht länger. Eine Giftmischerinn kann nicht des Barons Erbinn werden.

(Alle erschrecken.)

Gr. Dalheim. Entsetzlich! — Ungeheuer! Die Tugend selbst klagst Du an? Missethaten, die vielleicht Du begiengst, schiebst Du auf andere?

andere? — Herr Commiſſär! man halte ſie
an; man leg' ihr den Beweis auf!

Gräf. Holdberg. Ich ſelbſt bitte darum.

Klementine. (mit Würde zu Lauren) Ich verachte
Beſchuldigungen, die die niederträchtigſte Bosheit hervorbringt. Aber meine Ehre erfordert
ſtrenge Unterſuchung. (zu dem Commiſſär)

Commiſſär. Das befiehlt mein Amt. Der
plötzliche Tod des Barons hatte ſchon Verdacht
erweckt. Darum ward die Eröfnung des Leich-
nams beſchloſſen. Es finden ſich Zeichen der
Vergiftung. Jetzt kömmt ſogar eine Anklage
zum Vorſchein. (zu Lauren) Madam! man wird
Sie weiter befragen. (zu dem Gerichtsſchreiber) Herr
Actuarius! führ Er Lauren in mein Zimmer.
(zur Gräfin Holdberg) Euer Gnaden ſcheinen ſich der
jungen Perſon anzunehmen; darf ich ſie Ihnen
auf kurze Zeit anvertrauen, bis die Durchſu-
chung der Zimmer geendiget iſt?

Gr. Holdberg. Komm, meine liebe Klementine! Laurens Anklage ſetzt bey mir deine Unſchuld nicht einen Augenblick in Zweifel. Ich
ſtehe für ſie gut, Herr Commiſſär! (geht mit Klementinen ſeitwärts ab)

Gerichtsſchr. (zu Lauren) Wollen Sie mir
folgen?

D

Laura. (indem sie mit dem Gerichtsschreiber gegen die andere Seite abgeht) Ich komme! (zu Dalheimen spöttisch) Nun, hat Klementine schon die Erbschaft?

Gr. Dalheim. Furie! Ich weiß nicht, was mich abhält —

Commissär. (zu dem Grafen) Herr Graf! Erwarten Sie den Ausgang gelassen. (Der Commissär folgt Lauren nach. Dalheim geht durch die Mittelthüre ab. Bland allein bleibt zurück.)

Zweyter Auftritt.

Bland allein.

Von Klementinen der Baron vergiftet! — Klementine schenkte den Caffee ein. Hätte sie vielleicht unvermerkt etwas in die Schaale geworfen? — Aber Laura reichte den Zucker dar; ließ sogleich wieder alles in ihr Zimmer tragen, folgte selbst nach. — Als wir zuvor von dem Tode des Barons sprachen, sagte sie: Auf alles sey vorgesehen. — Ja, Laura ist selbst die Thäterinn. — Klementine! Verschmähetest du Blands Liebe nicht, er könnte dich retten. — Ich will versuchen, dich noch zu gewinnen. Todesfurcht, Dankbarkeit, werden vielleicht deinen Stolz besiegen. — Aber, wenn Laura den Be-

trug mit dem Testament entdeckte? — Mag
sie es thun! Wird man ihr, auf ihr Wort,
glauben.

(geht durch eine Seitenthüre ab.)

Dritter Auftritt.

Leonore. Friedrich.
(Sie kommen durch die Mittelthüre herein.)

Leonore. Ich erhole mich nicht von meinem
Erstaunen. Bey Klementinen dreyerley Gift!

Friedrich. Von solcher Stärke, daß ein
Hund, dem man etwas gab, auf der Stelle
krepirte.

Leonore. Klementine schuldig? — Nein!
nimmermehr.

Friedrich. Mir selbst scheint es unglaublich.

Gr. Dalheim. (im Vorzimmer schreyend) Verrath!
Höllische Nachstellung!

Friedrich. Mein Graf, wütend!

(geht eilig durch die Seitenthüre ab.)

Vierter Auftritt.

Leonore. Graf Dalheim.
(stürzt zur Mittelthüre herein, den Hut in die Augen gedrückt.
Verzweiflung blickt aus seinen Augen. Er läuft auf
und ab, ohne auf Leonoren zu sehen, ohne zu reden.)

D 2

Leonore. (nach einer Pause) Sie sind ganz außer sich?

Gr. Dalheim. Ja! Alle Furien wohnen in mir, zerfleischen mein Herz.

Leonore. Auch mich erfüllt Schaudern.

Gr. Dalheim. Entdeckt, bestraft soll die Bosheit werden.

Leonore. O, wie sehr wünsch' ich es! Aber wer wird die Wahrheit an den Tag bringen? Wer wird die Unglückliche retten?

Gr. Dalheim. (schnell) Dalheim; und sollt' es sein Leben kosten.

(Die Gräfinn tritt herein; er geht auf sie zu. Leonore geht ab.)

Fünfter Auftritt.

Graf Dalheim.   Gräfinn Holdberg.

Gr. Dalheim. Gräfinn! Sie seh'n einen Menschen voll Wuth, voll Verzweiflung. — Klementine! Ach, Ihre! ach, meine Klementine!

Gräf. Holdberg. Eben jetzt führte man sie fort. — In Thränen zerfließend, küßte sie meine Hand. Ich wollte sie umarmen; sie litt' es nicht. So lang ein Verdacht auf ihr ruhe, sey sie dieser Ehre nicht werth. — Ich war so gerührt, daß ich mich entfernen mußte.

Gr. Dalheim. Entsetzlich! — Laura selbst, keine andere! — Martern sollen dem Ungeheuer die Wahrheit auspressen.

Gräf. Holdberg. Auch ich stimme ein; aber wo sind die Beweise?

Gr. Dalheim. Laura ist eine Lasterhafte! Klementine die Tugend selbst: braucht es andere? — Mit blutigem Degen in der Faust, neben dem Ermordeten, sprech' ich den Rechtschaffenen frey.

Gräf. Holdberg. In ihrem Innern. Aber als Richter? — Ach, Dalheim! ich zittere. Was wird nicht jetzt die Boshafte auf die Bahn bringen? Werden nicht ihre Erdichtungen Glauben finden? — Ach! ich fürchte, es ist um Klementinen geschehen.

Gr. Dalheim. Nein! Eher entreiß ich sie mit Gewalt des Gerichts Händen.

(Er will fort, die Gräfinn hält ihn zurück.)

Gr. Holdberg. Wohin? Was thun Sie? Wollen Sie sich sträflich machen? Können Sie Klementinen befreyen? Würde sie Ihnen folgen?

(Der Gerichtsschreiber tritt herein.)

D 3

Sechster Auftritt.

Gräfinn Holdberg.   Graf Dalheim.
Der Gerichtsschreiber.

Gräf. Holdberg. (zu dem Gerichtsschreiber) Was
macht die Unglückliche?

Gerichtsschr. Man hat sie in ihr Zimmer
geführt; dort wird sie bewacht. Ich fürchte,
ich fürchte, es läuft übel ab. Laurens Anklage!
Gift im Schreibepulte! — Jetzt durchsieht der
Commissär ihre Schriften.

Gr. Dalheim. Beweise ihrer Tugend wird
er finden.

Gräf. Holdberg. Und bleibt Laura in Freyheit?

Gerichtsschr. Ja! Doch darf sie sich nicht
entfernen, bis Klementinens Proceß zu Ende ist.

Gr. Dalheim. (heftig) Klementinens Proceß?

Gerichtsschr. (gelassen) Nun ja! Klementinens Proceß.   Der Commissär hört sie hier
nur vorläufig ab, hernach nehmen wir sie mit
uns in die Stadt.

Gr. Dalheim. Was! man will sie wegführen?

Gerichtsschr. Kann es anders seyn? Hier
ist ja kein Gefängniß.

Gr. Dalheim. Bande! für Klementinen
Bande! (er greift nach den Degen) Ha! ich will sehen, wer Hand an sie legen wird.

Gerichtsschr. (furchtsam) Verschonen Euer
Gnaden mich! Ich kann nicht dafür. Reden
Sie mit dem Commissär.

(Geht eilends ab)

Siebenter Auftritt.

Gräfinn Holdberg. Graf Dalheim.

Gr. Holdberg. Wie oft bitt' ich Sie schon,
Dalheim, Ihre Hitze zu dämpfen! Was rich-
ten Sie aus? Leider bleibt uns nichts anders
übrig, als Klementinen zu beklagen, uns ihrer
durch Fürbitte anzunehmen.

Gr. Dalheim. Ach! alles ist verloren!
(Geht voll Verzweiflung ab; die Gräfinn will ihm nachfol-
gen; da sie den Doctor hereintreten sieht, bleibt sie noch.)

Achter Auftritt.

Gräfinn Holdberg. Der Doctor.

Doctor. Euer Gnaden sind eine Zeuginn
trauriger Begebenheiten.

Gräf. Holdberg. Hätt' ich sie vorsehen können, nie würd' ich hieher gekommen seyn. Aber

D 4

sagen Sie mir, Herr Doctor! ist es wirklich Gift, was man in Klementinens Zimmer gefunden hat?

Doctor Ja, gnädige Frau! Dazu künstlich bereitetes Gift, das von fernen Orten verschrieben seyn muß. Ich habe mich besonders auf die Kenntniße der Gifte verlegt. Auch diese drey Gattungen sind mir bekannt. Für eine derselben besitz' ich ein Gegenmittel. Wär' ich gestern hier gewesen, würde vielleicht dem armen Baron das Leben erhalten worden seyn.

Gräf. Holdberg. Was Sie mir sagen, beweis't Klementinens Unschuld. Künstliche Gifte, aus fremden Landen! Wo hätte das Mädchen, das nie aus dem Belfortischen Hause kam, sie hergenommen?

Doctor. Man sollte so urtheilen, wie Euer Gnaden. Ich fürchte aber, die junge Person hat, mit ihrer sittsamen unschuldigen Mine, uns alle hintergangen. Ich komme eben von dem Commissär. Unter den Schriften, die in ihrem Schreibepult waren, befinden sich auch Liebesbriefe von dem verstorbenen Baron —

Gr. Holdberg. (fällt ihm in die Rede) An Klementinen geschrieben? Das kann nicht seyn.

Doctor. Sie haben zwar keine Aufschrift; doch, an wen sonst? Wie wären fremde Briefe dahin gekommen? — Das engste Verständniß leuchtet hervor. Man erfreut sich, sein Spiel so künstlich zu treiben, daß die Baroninn nichts merke. — Auch noch andere Briefe verdächtigen Inhalts, von unbekannter Handschrift, hat man angetroffen.

Gräf. Holdberg. Gott! Was hör' ich! — Meine Freundinn hintergangen! Eine Schlange in ihrem Busen erzogen! — Doch nein! Klementinens Unerschrockenheit —

Doctor. Ich will die Unglückliche nicht vor der Zeit verurtheilen. Aber nur zu oft sind Verstellung und Bosheit Gefährten.

Gräf. Holdberg. Dalheim! Dich trifft ein Donnerstreich.

(Geht ab, der Doctor folgt ihr.)

Neunter Auftritt.

Laura. Hernach Bland.

Laura. (durch eine andere Thüre herein) Alles gelingt nach Wunsch. In meinem Zimmer hat man nichts Verdächtiges angetroffen. — Klementine kann sich nicht herauswickeln. Die

D 5

Briefe, das gefundene Gift! Ha! es soll dir theuer zu stehen kommen, daß du der Baroninn meine Aufführung entdecktest; daß du alles anwandtest, mich aus dem Hause zu schaffen; daß du zuletzt auch Blanden bezaubertest! — Der Ungetreue! Er hofte, Klementinen und die Erbschaft zusammen zu erhaschen. — Jenes ist ihm fehl geschlagen. Er wußte nicht, daß sie in Dalheimen so sehr vernarrt wäre. — Aber die Erbschaft! Dazu habe ich Thörinn selbst geholfen. Jetzt muß ich ihm gute Worte geben.—

(sie wird Blanden gewahr, der durch die Mittelthüre herein kömmt)

Willkommen, glücklicher Erbe! ich gratulire. Zwar die schöne Klementine zugleich davon zu tragen, ist mißlungen. Aber zweymal hunderttausend Thaler ersetzen endlich den Verlust! — Falscher! verdiente das Laura um Dich? Für wen wagte sie alles? Warst Du es nicht? — Und Bland, Bland, hintergeht Lauren; macht ein zweytes falsches Testament, setzt Klementinens Namen hinein, mit der Bedingung, daß sie ihn heyrathen solle! — Ich könnte mich rächen: aber nein! ich will es nicht thun; ich liebe den Ungetreuen noch zu sehr. Kehr' um, erfülle Deine Schwüre; und alles ist vergessen.

Bland. Ich habe gefehlt, meine liebe Laura! Aber nicht eine Dich beleidigende Neigung — all-

zugroße Vorsicht hat mich verleitet. — Jeder-
mann weiß, daß des Barons Gesinnung zuletzt
geändert war; daß Du deinen Abschied befürchten mußtest; daß er Klementinen fast öffentlich
zu seiner Erbinn erklärt hatte. — Würden
nicht, bey Hörung Deines Namens, gegen das
Testament, Zweifel entstanden seyn? Darum
ließ ich Klementinens Einsetzung unverändert,
und fügte die Bedingniß der Heyrath hinzu.
Ich war sicher, daß Klementine sie nicht anneh-
men würde. — Der Beysatz, auf den Fall
ihrer Weigerung, ist der nicht allein genug,
mich zu rechtfertigen? Mit wem sonst soll' ich
mein Glück theilen, als mit Lauren, der ich es
zu danken habe?

Laura. Schmeichelhaft und künstlich! Bland
hätte mir seine geheimen Ursachen wohl anvertrauen können. Es sey Dir verziehen, nur
künftig mehr Aufrichtigkeit.

Bland. Auch wegen des Vergangenen thust
Du mir Unrecht. Doch sage mir, Laura! woher weißt Du, daß Klementine den Baron vergeben hat?

Laura. Und Du, bekenne die Ursache deiner
Frage. Nimmst Du noch an Klementinen Antheil?

Bland. Nein, Laura! Mir ist nur Deinet-
wegen bang, wenn das Gericht von Dir Beweise fordert.

Laura. Dafür laß mich sorgen. Vernimm
den Inhalt meiner Anzeige: Ich sagte dem Commissär, Klementine sey sehr aufgebracht gewesen,
als ihre Hofnung, wegen des Barons Heyrath,
fehl geschlagen; einigemal seyen ihr, durch unbekannte Leute, Packete und Briefe zugekom-
men; Klementine habe dem Baron noch immer
geschmeichelt, um ein Testament zu erschleichen;
von ihr sey gestern der Caffee eingeschenkt worden; sie selbst habe keinen getrunken.

Bland. Absichten auf des Barons Heyrath? — Laura! Du wirst am besten wissen,
wer sie hatte.

Laura. Keine Vorwürfe, Bland! sie stehen
uns übel an. Vergiß nicht, daß Dein und
mein Heil auf unserer Eintracht beruhet; daß
Laura Dich liebt, daß aber Undank ihre Liebe in
Wuth und Rache verwandeln kann. Wähle!

(Geht ab.)

Zehenter Auftritt.
Bland allein.

Längst hab' ich gewählet. — Eine Boshafte,
die, meiner satt, mich eben so geschwind, als

den Baron, auf die Seite schaffen würde, mein Weib? — Nein! sie erfahre das Schicksal der Betrüger; sie werde wieder betrogen!

(Geht ab.)

Ende des dritten Aufzugs.

Vierter Aufzug.

Der Schauplatz stellt noch das große Zimmer vor. An einem vorwärts stehenden Tische sitzen der Commissär und der Gerichtschreiber. Jener, mit gegen die Zuschauer gewandtem Gesichte; dieser, dem Commissär zur linken Hand. In einiger Entfernung, zur Rechten, sitzt Klementine. Auf dem Tisch sieht man alles, was zum Schreiben gehört, nebst Briefen, zwo Schachteln und einer kleinen Flasche. Der Gerichtschreiber protocolliret Klementinens Aussage.

Erster Auftritt.

Der Commissär vom Gericht. Klementine. Der Gerichtsschreiber.

Commissär. Beharren Sie bey Ihrer Aussage, wie der Actuarius sie Ihnen vorgelesen hat?

Klementine. (welche noch, vom Weinen, das Schnupftuch in Handen hält, staudhaft) Ja, in allen Stücken. Eben so wenig war jemals Unwahrheit in meinem Munde, als ich mich eines Verbrechens schuldig weiß.

Commissär. Sie beharren also darauf, daß Sie von diesen Briefen, von diesen andern Sachen (auf die Schachteln und Fläschchen zeigend) nichts wissen?

Klementine. Eine feindselige Hand, die vielleicht selbst das Verbrechen begieng, hat sie in mein Schreibepult versperret, um den schwärzesten Verdacht auf mich zu wälzen.

Commissär. Daß Ihnen ebenfalls die Ursache des plötzlichen Todes des Barons unbekannt ist, vielweniger Sie Theil daran haben?

Klementine. (mit Empfindung) Theil daran? — Gott! eine solche Frage muß ich noch einmal beantworten!

Commissär. Sie sehen selbst, daß schwerer Verdacht Sie drückt. Hofnung zu des Barons Erbschaft; der Caffee von Ihnen eingeschenkt; der Baron gleich darauf von tödtlichen Schmerzen überfallen; in Ihrem Schreibepult Gift verborgen; Briefe, verdächtigen Inhalts, dabey! Was können Sie dem allen entgegensetzen?

Klementine. Das Bewußtseyn meiner Unschuld; (gen Himmel schauend) das Zeugniß dessen, dem nichts die Wahrheit verhüllt.

Commissär. Für mich würd' ich Ihnen glauben; aber, als Richter, muß ich Beweise fordern.

Klementine. (seufzend) Woher soll ich sie nehmen? Ich begreife alles Schreckliche meines Zustands. Freyheit, Leben, acht' ich nicht; (mit größter Empfindung) aber meine Ehre, meine gekränkte Ehre! den Verlust der Freundschaft, der Hochschätzung der einzigen Personen — Gott! (sie weint)

Commissär. Ich kann Ihnen nicht verhalten, daß Sie mir in die Stadt folgen müssen.

Klementine. (steht auf) Zu allem bin ich bereit. (bittend) Man lasse mich nur von der Gräfinn Abschied nehmen.

Commissär. In Ihren Umständen geht es nicht wohl an.

Klementine. Auch dieser Trost versagt! — Was kann man von der Gräfinn befürchten? Wird sie mir Anschläge geben? Wird sie mich den Händen des Gerichts entreißen? (sehr gerührt) Ach! um diese einzige, um diese letzte Gnade fleh' ich. Nur noch eine Thräne, einen Ab-

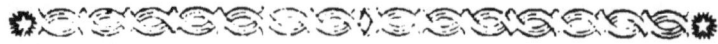

schiedskuß, auf die Hand jener, die mich, vor wenig Stunden, als Mutter umarmte! Thuen Sie hernach, was Sie wollen.

Commissär. (der gerührt ist; es aber zu verbergen sucht) Ich werd' es überlegen. Unterschreiben Sie jetzt ihre Aussage. Herr Actuarius! begleite Er Klementinen in ihr Zimmer.

(Klementine unterzeichnet das ihr von dem Gerichtsschreiber vorgelegte Protocoll; geht hernach durch die Mittelthüre ab. Der Actuarius folgt.)

Zweyter Auftritt.

Der Commissär allein.

Trauriges Richteramt! An die strenge Vorschrift der Gesetze gebunden, unauflöslich gebunden, zwingst du uns gegen die eigene Empfindung zu handeln! Klementine ist unschuldig, oder alle Kenntniß des Menschen trügt. Und dennoch muß ich, als Richter, anders urtheilen.

Dritter Auftritt.

Der Commissär. Der Gerichtsschreiber.

Gerichtsschr. Das gute Mädchen! Sie dauert mich. Als sie in ihr Zimmer trat, sank
sie

sie um.   Zum Glück, gieng eben eine Kammerjungfer vorbey.

Commiſſär.   Wandelt' ihr eine Ohnmacht an?

Gerichtsſchr.   Es war mehr Mattigkeit.

Commiſſär.   Trag' Er alles in mein Zimmer.   Nur die Briefe des Barons laß' Er hier.

Vierter Auftritt.

Der Commiſſär.   Gräfinn Holdberg.

Commiſſär. (nachdem er die zurückgelaſſenen Briefe
ſtill durchgangen hat) Was bey mir, gegen der jungen Perſon Unſchuld, noch Zweifel übrig läßt,
ſind die Briefe des Barons.   Sie haben zwar
mit der Vergiſtung keinen Zuſammenhang;
wären ſie aber an Klementinen geſchrieben, ſo
iſt Klementine nicht tugendhaft.   Der erſte
Fehltritt iſt bey ihrem Geſchlecht nur allzu oft
entſcheidend, ſtürzt in den tiefſten Abgrund.
Hier kämen Verletzung der Tugend, Undankbar-
keit, ſchändliche Verſtellung, zuſammen. —
(nach einigem Nachdenken) Ja, die Gräfinn muß mit
Klementinen reden.   Ihr Zureden bringt die
Wahrheit eher heraus, als hundert gerichtliche
Fragen.

E

Gräf. Holdberg. (von der Seite herein kommend)
Ich vernehme, daß Klementinens Verhör zu
Ende ist. Gestand die Unglückliche etwas ein?

Commiſſär. Nein, ſie beharret auf ihrer
Unſchuld.

Gräf. Holdberg. Auch mein Herz ſpricht
ſie frey. Entſetzen überfällt mich, wenn ich
daran denke, daß ſo ſanfte Geſichtszüge die la-
ſterhafteſte Seele verbergen ſollten. Doch ge-
wiſſe Briefe des Barens, wovon ich höre, erwecken bey mir Unruhe.

Commiſſär. Wenn Euer Gnaden mit Klementinen allein ſprächen! — Ihnen entdeckt
ſie am erſten die Wahrheit. Hat ſie die That
begangen, ſo erſpart ſich die Unglückliche wenigſtens lange Quaalen, die ſchrecklicher als der
Tod ſelbſt ſind. Iſt ſie unſchuldig, ſo werden
ihr Umſtände beyfallen, die in der erſten Angſt
ſich ihrem Gedächtniſſe nicht darſtellten.

Gräf. Holdberg. Sie bieten mir an, was
mein eigenes Herz zitternd verlangt. O! wie
ſehr wünſch' ich Klementinens Unſchuld aufge-
klärt zu ſehen! Mein ganzes Vermögen gäb'
ich darum.

Commiſſär. Ich werde ſie hieher ſchicken.
Des Barons Briefe können Euer Gnaden ihr
zeigen.

Fünfter Auftritt.

Gräfinn Holdberg.   Hernach Klementine.

Gräf. Holdberg. (setzt sich auf den Stuhl, wo Klementine gesessen) Was für eine Unterredung! Werd' ich Muth genug haben? — Klementine! ich liebe dich, wie meine Tochter. — Und vielleicht bist du eine Lasterhafte, eine des Todes Schuldige.

Klementine. (Der ein Gerichtsdiener die Mittelthüre öfnet, und solche wieder hinter ihr zumacht, indem sie die Gräfinn Holdberg erblicket.) Darf ich mich ihr nähern? — Wird sie eine Missethäterinn, dafür hält sie mich, nicht von sich stossen? — (geht näher hinzu, und fällt der Gräfinn zu Füßen) Ach, Gräfinn! Hier liegt sie, die Elende, die es nicht wagen darf, ihre Augen zu Ihnen zu erheben. (sehr gerührt) Schande, tödtender Schmerz drückt sie, wird ihren unglücklichen Tagen bald ein Ende machen. (neigt ihr Haupt auf der Gräfinn Schoos)

Gräf. Holdberg. (sich zur Gelassenheit zwingend) Klementine! Du weißt, wie sehr ich Dich liebte, eh' ich Dich noch gesehen hatte; daß diese Neigung seit unserer Bekanntschaft sich verdoppelt hat. — Urtheile, wie empfindlich mir Dein Unglück, noch mehr die Ungewißheit ist, ob Du es nicht verdienst. — Sey gegen mich aufrich-

E 2

tig, bekenne die Wahrheit. Bist Du schuldig,
so vergrößere kein hartnäckiges Läugnen DeinVer-
brechen. Was kann es Dir helfen?

Klementine. Ach! auch Sie, auch Sie zweifeln an meiner Unschuld! — Kann es anders
seyn? Ich erscheine ja in der schwärzesten Gestalt. Alles klagt mich an! — Und dennoch
spricht mich (auf ihr Herz zeigend) hier dieser Zeuge
frey. Ja, er thut es. Sein Zeugniß allein
schützt mich vor der Verzweiflung.

Gräf. Holdberg. O! möchtest Du wahr
reden! Doch bedenke selbst. Verstecktes Gift,
verdächtige Briefe dabey!

Klementine. Nichts, gar nichts, weiß ich
darauf zu antworten. Bringt nicht der Himmel meine Unschuld an's Licht, so bin ich verloren.

Gräf. Holdberg. Auch Dein Briefwechsel
mit dem Baron?

Klementine. (sich verwundernd) Mit dem Baron? Nie hat er mir, nie hab' ich ihm zuge-
schrieben. Darüber hat man mich nicht befragt.

Gräf. Holdberg. Hier sind seine Briefe.
Aus Deinem Schreibepult. Der Commissär
ließ sie da, um sie Dir zu zeigen.

Klementine. (steht schnell auf, durchsieht einige dieser Briefe, wirft sie wieder zu der Gräfinn Füßen, mit größter Empfindung) Entsetzlich! Auch noch das letzte Kleinod, meine Ehre, will man mir rauben! mich zu einer Nichtswürdigen, zu einer Verrätherinn meiner Wohlthäterinn, meiner Mutter, machen! — Gott! diesem Streich unterlieg' ich. (die Hände ringend) O, Gräfinn! theuerste Gräfinn! erbarmen Sie sich meiner! Nur der Schmerz begleite Klementinen nicht in's Grab, daß man sie der schändlichsten That fähig halte! — Nein! die Briefe sind nicht an mich gerichtet; sie müssen an Lauren geschrieben seyn; zu jener Zeit, als ihr Umgang mit dem Baron noch geheim war. Auch hier hab' ich keinen andern Zeugen meiner Unschuld, als mein Herz. Vor Gericht gilt er nicht; aber Sie, theuerste Gräfinn! Sie, sollten ihn nicht hören? Ihr eignes Herz sollte nicht für mich sprechen? — (freudig) Ja! Sie sind gerührt, Sie fangen an, mir zu glauben; mitleidige Thränen rollen über Ihre Wangen herab. (sie küßt ihr die Hand) O! nun bin ich zufrieden; nun sterb' ich getrost.

Gräf. Holdberg. (umarmt Klementinen) O, meine Tochter! ich kann mir nicht länger Gewalt anthun. — Ja! Du bist unschuldig. Mein Herz sprach Dich stets frey. Aber unglückliches Kind! wer wird Dich retten? Ohn' ein Wunderwerk ist keine Hofnung.

Klementine. Auch das wirkt vielleicht der Himmel. Und thut er's nicht, vermehr' ich die Zahl der von heimlich schleichender Bosheit Unterdrückten, so —

Sechster Auftritt.

Die Vorigen. Graf Dalheim.

Gr. Dalheim. (der wütend eintritt) Wo sind die Briefe? Ich muß sie sehen.

Gräf. Holdberg. Was für Briefe? Schon wieder ungestüm?

Gr. Dalheim. (heftig) Man fragt noch? (Da er die Briefe erblickt). Ha! da sind sie. Sie enthalten meinen Tod; aber ich muß sie lesen. (er nimmt die Briefe, ohne daß es die Gräfian vern ehren kann)

Gräf. Holdberg. Thun Sie es nicht, Graf! Wollen Sie selbst Ihre Quaal vermehren?

Klementine. (die bey Dalheims Eintritt aufgestanden ist, zu der Gräfian) Er sieht, er hört uns nicht.

Gr. Dalheim. (indem er die Briefe durchblättert) Ha! ist's möglich? Täuschen mich die Augen? — Nein, ich les' es ja. Schon der zweyte! (lies't) „Die Nacht, die wir im Garten zubrachten."

(zerreißt den Brief, tritt mit Füßen darauf, wirft die andern Briefe weg, geht während im Zimmer auf und ab) Unglaub-lich! — Schande! — Verzweiflung! — (lehnt sich endlich, mit weggekehrtem Gesicht, an die Wand)

Klementine. (zur Gräfinn Holdberg) Er hält mich für eine Niederträchtige, für eine Lasterhafte! In diesem Irrthum kann ich ihn nicht lassen. Nein! er ist mir schmerzlicher, als der Tod. (zu Dalheimen) Dalheim! Dalheim! hören Sie mich.

Gr. Dalheim. (ohne sich umzusehen) Welcher Mund spricht meinen Namen aus? — Ver-führerischer Ton einer Schlange! — Zu sehr, zu lang bezaubert' er mich.

Klementine. Verschließen Sie Ihre Ohren nicht vor der Stimme einer Unglücklichen. Schon halb aus dem Grabe erhebt sie sich zu Ihnen. — Klementine, durch ein feindseliges Schicksal zur Niedrigkeit bestimmt, machte nie Anspruch auf Dalheims Liebe; aber sie fordert von ihm Gerechtigkeit! Nicht der äußerliche Schein, der oft auch den Unschuldigen schwarz darstellt, verdamme sie. — Wie! Dalheim ist's, der ihr zuerst das Urtheil spricht? der sie ungehört des schändlichsten Verbrechens schul-dig erkennet? — Hatte sie das von ihm zu er-warten?

Gr. Dalheim. (ohne sich umzukehren) Ach!

Klementine. (zu der Gräfinn) Er würdiget mich keiner Antwort, nicht einmal eines Anblicks. — So sehr erniedriget, so sehr verachtet!

Gräf. Holdberg. (zu Dalheimen) Ist Klementine in Ihren Augen so strafbar, was verweilen Sie hier? Fliehen Sie einen Ort, wo Ihre Gegenwart anderer und Ihre eigene Pein vergrößert!

Graf Dalheim. (der sich umgekehrt, und Klementinen betrachtet hat) Kann ich es? Fesselt nicht eine Zauberkraft, stärker als Wuth und Verzweiflung, meinen forteilenden Fuß? — O, Klementine! — Dich, die in meinen Augen ein himmlischer Tugendglanz umstralte, die ich bewunderte, die ich anbetete! — Dich weiß jetzt mein eigenes Herz, so sehr es sich bestrebt, nicht zu rechtfertigen. Vor Dir, vor Deinen — Die Zunge erstarret, das schreckliche Wort auszusprechen — muß ich erzittern.

Klementine. (Dalheimen mit edlem Stolz anblickend) Dalheim! Ihre Verachtung, der äußerste Grad der Erniedrigung, in den Sie mich herabsetzen, flößt mir wieder Muth ein. Hören Sie mich, behalten Sie meine Worte; es sind die letzten. — Die Briefe waren nicht an mich gerichtet. Klementine verließ den Pfad der Tugend nie; sie hat sich kein Verbrechen vorzuwerfen. Stolz auf dieß innere Zeugniß, fühlt sie sich über alle Urtheile erhoben, die Feindschaft, die Leichtsinn, selbst das scheinbarste Recht, wieder sie ergehen läßt. Kein Kerker, keine Todesart, raubt ihr eine Würde, die ihr wesentlich eigen ist, die sie über das Grab hinaus begleitet. — Vielleicht durchdringt einst die Wahrheit die Nacht, von der sie jetzt umhüllt wird. Alsdann, Dalheim! alsdann werden Sie Klementinen kennen lernen.

Gr. Dalheim. (der, äußerst gerührt, sich zu Klementinens Füßen wirft) Schon jetzt kennt er sie! Ein Strahl des Lichts! — O, Klementine! an Ihrer Tugend könnt' ich zweifeln? — An einer Tugend, die so sichtbar diesen edlen, unschuldsvollen Zügen eingeprägt ist! — Ach! nie, nie kann der ungerechte, der strafbare Dalheim Vergebung haben! Die Beleidigung ist zu groß; (steht schnell auf) Er selbst wird Sie rächen.

Klementine. (erschrocken) Was wollen Sie thun, Dalheim? Haben Sie geschworen, mich zu martern, zu tödten? Ach theuerste Gräfinn!

Gräf. Holdberg. Welche Wuth! Hat die Unglückliche nicht genug ausgestanden? Wollen Sie selbst ihr den Rest des Lebens rauben? —

E 5

Verlassen Sie uns jetzt, Klementine hat Ruhe
nöthig.

Gr. Dalheim. (besänftiget) Ach, Klementine!
himmlische Klementine! ich fühle die Größe meines Verbrechens. Könnte mein Blut es ab-
waschen! — Ich gehorche der Gräfinn; aber
retten wird Dalheim Klementinen, oder er stirbt
mit ihr. (Geht durch die Seitenthüre ab.)

Gräf. Holdberg. Auch ich entferne mich.
Kehr' in Dein Zimmer zurück, meine Tochter!
Such' im Schlaf Erquickung! (Nachdem sie Kle-
mentinen umarmt hat, im Weggehen) Getrost, mein Kind!
Die Unschuld wird siegen.

(Sie folgt Dalheimen nach.)

Siebenter Auftritt.

Klementine. Bland.

Bland. (kömmt, indem Klementine langsam auf die Mittelthüre zugehet, durch die andere Seitenthüre herein) Schon
lang such' ich Gelegenheit mit Ihnen zu sprechen.

Klementine. (tritt wieder hervor) Was verlangt
Herr Bland von mir?

Bland. (Durch den ganzen Auftritt furchtsam redend
und sich zuweilen umsehend) Die Erhaltung ihres Lebens. Von Ihnen selbst hängt sie ab. Noch

heute können Sie frey, des Barons Erbinn
seyn.

Klementine. Noch heute? Bland kennt also
den Mörder des Barons, meine Unschuld? Ehre
und Gewissen verbinden ihn zu reden. (Laura, die,
Blanden nicht trauend, ihm nachgegangen ist, läßt sich in der
Scene sehen, auf der Seite, wo dieser herausgekommen, ohne
daß Bland und Klementine sie wahrnehmen. Sie hört das ganze
übrige Gespräch an.)

Bland. Sie wissen den Inhalt des Testaments, die Bedingung, die Sie ausschlugen.
Nimmt Klementine sie noch an, so entdeck' ich
alles.

Klementine. Und wenn ich Deine Hand aus-
schlage, läß't Du eine Unschuldige sterben?
Elender! ja, eher den Tod.

Bland. Auf der einen Seite Bande, Martern, Schavot; auf der andern, Freyheit,
Reichthum, Vergnügen. Man wähle!

Klementine. (Im Weggehen) Es ist geschehen.

Bland. Ein Wort: und Laura wird von
mir aufgeopfert!

Klementine. (sich umkehrend) Bland, Laura!
ich verabscheue beyde gleich.

Bland. Hören Sie mich! Hören Sie mich!
(Klementine geht zur Mittelthüre hinaus; Bland durch
die andere Seitenthüre, derjenigen gegen über, wo
er hereingekommen. Es ist hiebey in Acht zu nehmen, daß Klementine die Thüre hinter sich zuma-
chen muß.)

Achter Auftritt.

Laura allein.

Hat, während Blands und Klementinens Unterredung, bald
Zeichen der Furcht, bald des heftesten Zorns blicken lassen. Während aus der Scene hervor. Boshafter! so verräthst
du mich! — Ein Wort von ihr, und du wirst
mein Ankläger! — Um verstoßen, aufgeopfert
zu werden, wagt' ich alles für dich! — Ha!
Laura weiß sich zu rächen. Sie hört nur ihre
Wuth, ihre Verzweiflung. Das eigene Leben
achtet sie nicht; aber beyde soll ihr mit ihr
sterben!

(Auf der Seite ab, wo Bland.)

Neunter Auftritt.

Der Commissär. Der Gerichtsschreiber.

(Beyde durch die Mittelthüre herein.)

Commissär. Wer ist der Fremde, der mit
mir zu sprechen verlangt?

Gerichtsschr. Dem Bedienten ist verboten,
den Namen zu sagen.

Commissär. Etwas Wichtiges hat er mir
zu entdecken? Es soll das junge Frauenzimmer
betreffen? — Wie ist die Gestalt, das Ansehen?

Gerichtsschr. Ein Herr von mittlerm Alter;
der Kleidung und dem Gefolg nach zu urtheilen, ein Cavalier.

Commissär. Ich werd' ihn hier empfangen.

Gerichtsschr. Er folgt dem Bedienten auf
dem Fuße nach.

(Gerichtsschreiber durch die Mittelthüre zurück.)

Zehenter Auftritt.

Der Commissär allein.

(Nachdenkend, indem er den Tisch auf die Seite stellt.)

Wegen des jungen Frauenzimmers? —
Entdeckungen? — Vielleicht Beweise ihrer
Unschuld!

(Die Mittelthüre wird geöfnet, der Fremde tritt ein.)

Eilfter Auftritt.

Der Commissär. Graf Holdberg im Rei-
sekleid.

Graf Holdberg. Sie verwundern sich, mein
Herr! daß ein Unbekannter, der eben jetzt an-
kömmt, so eilfertig mit Ihnen zu sprechen verlangt? — Die Ursach ist so wichtig, daß sie

meine Ungedult rechtfertigen wird. — Sind
wir hier allein? Kann man uns nicht überfallen?

Commissär. Ich werde dem Gerichtsdiener
befehlen, außer meinem Actuarius, niemanden
herein zu lassen.

(Der Commissär verriegelt beyde Seitenthüren; ertheilt
hernach zur Mittelthüre hinaus seinen Befehl. Graf
Holdberg, und er, setzen sich.)

Gr. Holdberg. Vor allem müssen Sie mich
kennen lernen. Mein Name ist: Graf Holdberg.

Commissär. Der Gemahl der Dame, die
heute hier eintraf?

Gr. Holdberg. Sie reiset mir entgegen.
Ich komm' einige Tage früher, als die Abrede
war.

Commissär. Warum eilen sie nicht zu der
Gräfinn? Warum verbergen Sie ihr die Anwe-
senheit?

Gr. Holdberg. Diese Fragen geben mir zu
erkennen, daß unsere Begebenheiten Ihnen unbekannt sind. — Nach einer sechszehnjährigen
Abwesenheit, nachdem meine Gemahlinn mich
fast eben so lang als todt beweinet, ist heut wieder unsere erste Zusammenkunft.

Commissär. Außerordentlich! In Wahrheit, außerordentlich! — Ich nehme Antheil —

Ohne Zweifel wollen Sie durch mich Ihre Gemahlinn vorbereiten lassen! — Ganz vorsichtig! Plötzliche Ueberraschungen, auch der Freude, können schaden.

Gr. Holdberg. Dieß ist nur eine der Ursachen meines Besuchs. Vernehmen Sie jetzt auch die zweyte. Ich ließ Ihnen melden, daß ich wegen des jungen Frauenzimmers Entdeckungen zu machen hätte.

Commissär. Möchte durch das, was Sie mir sagen wollen, die Unglückliche gerettet werden!

Gr. Holdberg. O, mein Herr! wie sehr dank' ich Ihnen für den Wunsch! Mit welcher Innbrunst stimm ich ein! — Ist Klementine, so nennt sich ja die junge Person? diejenige, wofür ich sie halte: Ach! so verbürg' ich mich für ihre Unschuld, — Gott! oder ich wäre der unglücklichste Vater.

Commissär. Wie, Herr Graf! Klementine Ihre Tochter?

Gr. Holdberg. Umstände, die ich zu Livorno und Florenz erforschet habe, lassen mich fast nicht daran zweifeln. Eben deswegen schrieb ich meiner Gemahlinn, mir hieher entgegen zu reisen. Sie selbst weiß noch nichts von meiner Entde-

ckung. Ich wollte zuvor der Sache ganz gewiß seyn. — Ach! und wie kann ich ihr jetzt
etwas offenbaren?

Commissär. Ich hoffe, die Unschuld ihrer
Tochter wird an den Tag kommen. Ein Ge-
heimniß der Bosheit steckt hinter der Anklage.—
Doch, die Umstände, Herr Graf! die Sie in
Erfahrung brachten?

Gr. Holdberg. Eine kurze Erzählung unserer Schicksale muß vorhergehen. Es sind jetzt
neunzehn Jahre verflossen, seitdem ich meine
Gemahlinn, eben hier auf diesem Schlosse ge-
heyrathet habe. Sie war dem Baron Belfort
anverwandt, und mit der Baroninn erzogen
worden. Bald darauf marschirt mein Regi-
ment, ich war damals Rittmeister, nach Ita-
lien. Familienangelegenheiten erheischen von
mir eine Reise nach Neapel. Meine Gemahlinn begleitet mich. Zu Genua schiffen wir
uns ein. Wir nehmen unsere anderthalbjährige
Tochter mit. An den Sardinischen Kusten
stoßen wir auf Algierische Seeräuber. Unser
Schiff wird weggenommen. Die Seeräuber
vertheilen ihre Gefangenen. Ich, meine Toch=
ter, und mein Bedienter, kommen auf das eine
der feindlichen Schiffe; meine Gemahlinn auf
                                        das

das andere. Drey Tage hernach greifen Mal-
thesergaleeren die Seeräuber an. Das Schiff,
worauf meine Gemahlinn ist, wird erobert;
jenes, worauf ich mich befand, in Brand ge-
schossen. Es fliegt vor den Augen der Gräfinn
in die Luft.

Commissär. Entsetzlich! und wie wurden sie
gerettet?

Gr. Holdberg. Als unser Schiff in Brand
gerieth, flüchteten sich die Räuber, nebst ihren
Gefangenen, auf zwo Schaluppen. Es war
schon dunkel; sie entkamen glücklich. Wir lan-
deten an einer unbewohnten Insel. Bald be-
gaben wir uns wieder auf den Weg, um nach
Algier zurück zu segeln. Dabey trennte man
mich von Kind und Bedienten. Die Schaluppe, worauf ich war, langt' ohne Zufall zu
Algier an; die andere aber ward von einer
Toskanischen Fregatte weggenommen.

Commissär. (schnell) Wie ergieng es Ihnen,
Ihrer Gemahlinn, Ihrer Tochter?

Gr. Holdberg. Meine Gemahlinn, die uns
beyde für todt hielt, begab sich nach Mayland,
zu einer anverwandten Dame. Ich hatte das
Unglück, gleich nach meiner Ankunft zu Algier,
tief ins Land hinein verkauft zu werden. Dort

gerieth ich wieder in die Sklaverey anderer barbarischer Völker. Erst vor wenig Monaten bringt mich ein Zufall nach Algier zurück. Ich ertheile von meinem Leben Nachricht; das Ranzionsgeld wird übermacht; ich erlange meine Freyheit, und eile nach Livorno.

Commissär. Um ihr Kind aufzusuchen?

Gr. Holdberg. Mit vieler Mühe hatt' ich den Umstand erforschet, den ich Ihnen schon gemeldet habe, daß die zweyte Schaluppe des verbrannten Raubschiffs nach Livorno aufgebracht worden sey. Obschon fast ohne Hofnung, wagt' ich also einen Versuch, meinem Kinde weiter nachzuspüren.

Commissär. Und er gerieth Ihnen?

Gr. Holdberg. Ich ließ zu Livorno in den Lazarethsregistern nachschlagen. Da fand sich, daß um eben jene Zeit, bey Eroberung einer Algierischen Schaluppe, ein am Hals tödtlich verwundeter Christensklave, sammt einem kleinen Mädchen, befreyet worden sey. Der Verwundete, außer Stand zu reden, zu schreiben, war bald gestorben, und das Kind von gutherzigen Leuten nach Florenz mitgenommen worden.

Commissär. Diese Leute erforschten Sie?

Gr. Holdberg. Ihre Namen waren aufge=
zeichnet. Ich traf auch den Priester an, der
dem Sterbenden beygestanden, und von ihm
eine Schreibtafel zur Verwahrung empfangen
hatte. Es war die meinige. Kein Ort, kein
Name stund darinn; deswegen konnte der gute
Geistliche nichts daraus ersehen. Ich aber er=
kannte sie gleich, an aufgeschriebenen Ausgaben,
und besonders an gewissen Versen, theils von
meiner eigenen, theils von meiner Gemahlinn
Hand. — Ich eile nach Florenz. Dort er=
fahr' ich, daß eine deutsche Dame, Baroninn
Belfort, durch des Kinds, dem man den Na=
men Klementine gegeben hatte, schöne Ge=
stalt und Freundlichkeit gerührt, es mit sich
nach Deutschland genommen habe.

Commissär. Alles trift überein. Ohne
Zweifel ist die junge Person Ihre Tochter.

Gr. Holdberg. Ein einziges Kennzeichen ver=
lang' ich noch zur völligen Gewißheit. Meine
Tochter hat am rechten Arm ein kennbares Maal.
Von diesem Umstand konnt' ich zu Florenz keine
Nachricht einholen. Die Personen, welche
das Kind bey sich gehabt hatten, waren todt.

Zwölfter Auftritt.

Die Vorigen. Der Gerichtschreiber.

(Zur Mittelthüre herein.)

Commiſſär. Was bringt Er, Herr Actuarius!

Gerichtsſchr. Darf ich vor dem fremden
Herrn reden?

Commiſſär. Ohne Bedenken.

Gerichtsſchr. Eben jetzt geh' ich von unge-
fähr durch die Küche, und treffe Blanden an,
der Pappiere in's Feuer wirft. Ich ziehe ſie
ſchnell heraus; zum Glück nur hier und da ver-
ſehrt. Ein Teſtament! — Bland erſchrickt
heftig. Er geſtehet halb und halb, daß es des
Barons Teſtament ſey. Er fängt dabey an,
Lauren anzuklagen. Ich hab' ihn ohne Ge-
räuſch auf mein Zimmer geführt, und einen
Gerichtsdiener zu ihm geſtellt.

Commiſſär. Sehr wohl, Herr Actuarius!
Alsbald werd' ich das Verhör vornehmen. Den
andern Gerichtsdiener laß Er auf Lauren ein
wachſames Auge haben.

(Der Actuarius geht ab.)

Dreyzehenter Auftritt.

Graf Holdberg.   Der Commissär.

Commissär. Da seh'n Sie, Herr Graf! den Anfang der Hülfe des Himmels.

Gr. Holdberg. O, mein Freund! seyn Sie das Werkzeug.

Commissär. Ich führe Sie indessen auf mein Zimmer. Dort können Sie mit Klementinens Mädchen sprechen. Dort können Sie auch überlegen, wie Sie Ihrer Gemahlinn alle diese großen, diese unerwarteten Nachrichten beybringen wollen.

Gr. Holdberg. Ich folg' Ihnen, Freund! Sie sind mein Führer, mein Erretter!

(Beyde gehen durch die Mittelthüre ab.)

Ende des vierten Aufzugs.

Fünfter Aufzug.

Der Schauplatz stellt Klementinens Zimmer vor.

Erster Auftritt.

Klementine allein.

(In einem Armstuhl sitzend.)

Der Schlaf hat mich ein wenig erquickt. — Warum ward er nicht zum sanften Todesschlum-

mer! — Holdberg! Dalheim! Von euch be-
weint, steig' ich freudig ins Grab hinab. —

Zweyter Auftritt.
Klementine.   Leonore.

Leonore. Ermuntern Sie sich, Fräulein!
Ich fang an zu hoffen. Es steht kein Gerichts-
diener mehr vor der Thüre; man geht frey zu
Ihnen. Bland ist ertappt worden, als er eine
Schrift in's Feuer warf. Man führte ihn zum
Commissär; bald hernach auch Lauren. Das
Verhör dauert schon eine Stunde.

Klementine. Die Elenden! Ich fürchte
schreckliche Entdeckungen.

Leonore. Mitleid für sie? — Ich keines.
Der größte Missethäter kann bey mir Anspruch
darauf machen; aber der Ankläger der Unschuld
ist ein Ungeheuer, das selbst die Natur verabscheuet.

Klementine. Was macht die beste Gräfinn?

Leonore. Erfreuen Sie sich mit Ihr. Ihr
Gemahl ist angekommen.

Klementine. (mit Empfindung) Ihr Gemahl
schon hier? Ihre Wünsche erfüllt? Warum
kann ich mich nicht zu ihren Füßen werfen! —
Ach, nur sie glücklich! — und dann noch einer!

Leonore. (für sich selbst) Wie rührt sie mich! Warum darf ich nicht reden! (zu Klementinen) Auch Sie, meine theuerste Gebieterinn! auch Sie, werden noch glücklich seyn.

Dritter Auftritt.

Die Vorigen. Der Commissär.

Commissär. Ich komme selbst, Ihnen zu sagen, daß Ihre Unschuld entdeckt ist, daß Sie frey sind.

Leonore. Meine Prophezeyhung trift ein. O, nur der Anfang!

Klementine. (empor schauend) Dank dir! Auch Ihnen, mein Herr! Sie wirkten mit.

Commissär. Der Himmel hat alles gethan. Er hat die Boshaften verblendet. Selbst haben sie sich verrathen, einander angeklagt. Es sind Ungeheuer.

Klementine. Läßt sich ihre Strafe nicht mildern?

Commissär. Ihr gutes Herz verlangt unmögliche Dinge. — Edle, schöne Seele! Was verdienen Sie nicht? — Gewiß, gewiß, werden Sie glücklich seyn. — Das ächte Testament ist gefunden worden. Sie sind des Barons Erbinn, ohne Zusatz.

F 4

Leonore. (küßt Klementinen freudig die Hand) Welchen Antheil nimmt Leonore daran!

Klementine. Rechne auf die Erfüllung meines Versprechens. (zu dem Commissär) Und Sie, mein Herr! eine gute Zeitung nach der andern! Auch meine theure Gräfinn ist glücklich.

Commissär. Ich soll ihren Gemahl, den Grafen Holdberg, bey Ihnen anmelden.

Klementine. Er zu mir? O! ich eile zu beyden. (Sie steht schnell auf, muß aber, nach ein paar Schritten, aus Mattigkeit wieder umkehren.) Warum hindert mich die Mattigkeit?

Commissär. (zu Leonoren) Der Graf wartet schon an der Thüre.

(Leonore gehet hinaus, und der Graf tritt herein.)

Vierter Auftritt.

Klementine.   Der Commissär.   Graf Holdberg.

(Graf Holdberg kann, bey Erblickung einer so lang für todt gehaltenen Tochter, für die er, beym Wiederfinden, aufs neue zittern müssen, den Regungen des väterlichens Herzens kaum widerstehen.)

Klementine. Sie kommen mir zuvor.   Es war meine Schuldigkeit, aber meine Kräfte. — Wie sehr nimmt mein Herz an Ihrer Freude Theil!

Gr. Holdberg. Theures Kind! Sie, erſt
Sie, machen dieſe Freude vollkommen — O,
meine Tochter! — Empfangen Sie auch von
mir einen Namen, den Ihnen ſchon meine Gemahlinn gab. — Rettung aus Gefahr, Güter,
Aeltern, alles ſchenkt Ihnen der Himmel an die-
ſem Tage.

Klementine. Aeltern? — Süßer, theurer
Name, nie von mir ausgeſprochen! — Zu
Ihrem Kinde nehmen Sie mich auf? — Mein
Herz, mit welcher Dankbarkeit iſt es erfüllt!
Kann Ehrerbietung, kann Gehorſam, kann
zärtlichſte Liebe —

(Dalheim ſtürzt herein.)

Fünfter Auftritt.

Die Vorigen. Graf Dalheim.

Gr. Dalheim. (im Taumel der Freude, wirft ſich zu
Klementinens Füßen) O, meine Klementine! Da
iſt er, der entzückte Dalheim; länger ließ er
ſich nicht aufhalten. Laſſen Sie ihn ſeine Freude,
ſeine ganze Freude ausſchütten. — Klementine,
die den niedrigſten Stand verherrlicht haben
würde, auch durch Geburt glänzend, aus einem der älteſten Gräflichen Häuſer entſproſſen!
(ſchnell aufſtehend zum Grafen Holdberg) Sie haben ihr

F 5

doch alles erzählt? Sie weiß schon, daß sie
Ihre Tochter ist?

Klementine. Was hör' ich? wo bin ich? (sinkt zurück)

Graf Holdberg. (umarmt sie) In den Armen
Deines Vaters. Dalheim sagt die Wahrheit.
Deine Mutter, und ich, wollten Dich zu der
großen Nachricht vorbereiten. Seine hitzige
Ungeduld stört unsern Plan. — Erhole Dich,
mein Kind! Blicke deinen Vater an. Lies in
seinen Augen die Freude, die sein Herz empfindet.

Klementine. (sich empor richtend) O, mein Vater! — Wonne, Entzücken! (sie wirft sich ihm zu
Füßen, und küßt seine Hand) Zu viel, zu viel! — Mein
Herz faßt es nicht. — Es ist voll — Auch
meine Mutter! auch sie! (indem Klementine noch redet, tritt die Gräfinn herein.)

Sechster Auftritt.

Die Vorigen. Gräfinn Holdberg.

Gräf. Holdberg. (auf sie hinstürzend) Ja, meine
Tochter! ja, meine Amalie! (sie umarmt Klemen-
tinen, die, ihre Stimme hörend, schnell aufgestanden ist) Deine
Mutter umarmt Dich. — Umfange sie wie-
der! — Nach sechszehn Jahren! — Mein
Herz glaubt es kaum.

Klementine. (kann vor Entzücken nur einzelne Worte vorbringen) O, meine Mutter! — Meine Mutter!

Gräf. Holdberg. (indem sie Klementinen sanft niederſitzen macht) Schone Dich, mein Kind! Deine Schwachheit —

Klementine. Ich fühle ſie nicht mehr. — Zu Ihren Füßen, liebſte Mutter! (ſie will knien, die Gräfinn läßt es nicht zu) Sie wollen es nicht? — O! ſo ſchließen Sie mich in ihre Arme. Feſt, feſt an die mütterliche Bruſt! — Gott! —

Graf Holdberg. Wenn nur das Uebermaaß der Freude ihr nicht ſchadet! (zu der Gräfinn) Auch Dir, meine Theuerſte! — Setzt Euch beyde! (er rückt, indem er dieß ſagt, einen Stuhl hervor; Dalheim thut eben daſſelbe auf der andern Seite.)

Gr. Dalheim. (zu dem Grafen) Und Sie hieher. (beyde, der Graf und die Gräfinn ſetzen ſich ſo, daß Klementine zwiſchen ihnen iſt. Dalheim kniet ſeitwärts zu Klementinen hin) O! nun auch einen Blick auf den zärtlichſten, auf den treueſten Liebhaber! darf er jetzt? — (zu dem Grafen und der Gräfinn) Ach! von Ihnen hängt Dalheims Leben ab.

Graf Holdberg. (zu Klementinen) Amalie! das iſt dein wahrer Name, entſcheide Du ſein Schickſal.

Gräf. Holdberg. Rede, meine Tochter!

Klementine. (Dalheimen zärtlich die Hand reichend) Fodern Sie eine andere Antwort?

Gr. Dalheim. (ihre Hand entzückt küßend) Ach, meine Klementine! Nun mein, nun ganz mein! Dalheim der glücklichste der Sterblichen! (schnell aufstehend, zu der Gräfinn) Noch heut schreib' ich meinem Oheim. In sechs Tagen kömmt die Einwilligung. Nichts hält alsdann unsere Verbindung auf.

Gr. Holdberg. (lächelnd) Immer der hitzige, der ungedultige Dalheim!

Commissär. (der durch Gebärden Antheil an allem, was vorgegangen, genommen hat) Ich schwieg bisher; ich wollte die lebhafteste Freude nicht unterbrechen. Selbst war ich gerührt —

Siebenter Auftritt.

Die Vorigen.   Der Gerichtsschreiber.

Gerichtsschr. Laura verlangt vorgelassen zu werden. Sie sagt: sie sey strafbar; sie wolle alles bekennen. Nur bittet sie, daß es in des Fräuleins, in ihrer Aeltern, und des Grafen Dalheims Beyseyn, geschehen möge.

Gräf. Holdb. In unserer aller Gegenwart?

Commissär. Man führe sie her.

(Gerichtsschreiber geht ab.)

Achter Auftritt.

Graf und Gräfinn Holdberg. Klementine,
oder nunmehr Amalie. Graf Dalheim.
Commissär.

Commissär. Bey Missethaten ist kein Augenblick zu versäumen, die Wahrheit herauszu-
bringen. Zwar fehlt nur wenig an Laurens
Ueberweisung.

Gräf. Holdberg. Gesteht ihr Mitgehülfe
sein Verbrechen?

Commissär. Bland bekennt, auf Laurens
Veranlassung, ein falsches Testament gemacht,
und dabey sie wieder betrogen zu haben. Von
des Barons Vergiftung will er nichts wissen.
Diese schiebt er auf Lauren.

Graf Holdberg. Und Laura?

Commissär. Klagt dagegen Blanden der
schändlichsten Handlungen an. Von sich selbst
läugnet sie alles. Doch das in ihrer Tasche
gefundene Gift, und ein verdächtiger Brief, dessen Schrift jener der andern ganz ähnlich ist,
reden nur zu deutlich. Bland sagt ihr in's Gesicht, sie habe alle Schlüßel nachmachen lassen;
sie sey gestern, als der Baron krank war, in des
Fräuleins Zimmer gewesen.

Gräf. Holdberg. Um das Gift, und die Briefe in ihren Schreibetisch zu legen.

Neunter Auftritt.

Alle Vorigen. Der Gerichtsschreiber. Laura.

Laura. (mit angenommener reumüthiger Miene) Man wird sich über meine Erscheinung verwundern. Ich weiß, mein Anblick erregt bey Ihnen allen Abscheu. Doch Sie sehn in Lauren eine Reumüthige. Ich bekenne, nicht nur den Baron, sondern auch die Baroninn vergiftet zu haben.

Klementine. Ach! meine Vermuthung betrog mich nicht.

Laura. Das falsche Testament hat Bland auf mein Geheiß aufgesetzt. Ich sollte die Erbinn seyn. Der Undankbare ward an mir zum Verräther. Vom Zorn überwältiget, klagt' ich Klementinen an. Ich hätt' es sonst nicht gethan; erwartet, daß das Gift und die Briefe bey ihr gefunden worden wären.

Gräf. Holdberg. Aber, Laura! womit beleidigte sie meine arme Tochter, daß sie ihr sogar nach dem Leben trachtete?

Laura. Längst war mein Herz mit tödtlichem Haß erfüllt. (anstatt des bisher demüthigen Tons, spöttisch)

Doch jetzt triumphiret sie ja, die Glückselige.
Personen von hohem Stand erkennen sie für
ihre Tochter. Sie erbt den Baron. Bald
hoft sie ihres feurigen Dalheims Gemahlinn zu
werden. — Schade, daß die Glückseligkeit nur
kurze Zeit dauern, ehe wenig Stunden verstrei=
chen, ein Ende nehmen wird!

Graf Dalheim. Ungeheuer! welch neuer
Verrath!

Laura. Zittere für deine Geliebte! Sie ist
vergiftet!

(Alles ist für Schrecken und Betrübniß außer sich.)

Graf Holdberg. Entsetzlich!

Gräf. Holdberg. Meine Tochter!

Gr. Dalheim. (will den Degen ziehen) Verruchte!

Commissär. (ergreift Dalheims Arm) Halten Sie
ein! Sie entgeht ihrer Strafe nicht. Lassen
Sie uns die Umstände vernehmen.

Laura. Man soll sie erfahren. Als Klemen=
tine in ihr Zimmer zurückgeführet wurde, be=
gehrte sie Wasser. Leonore holt es, stellt das
Glas auf den Tisch, entfernt sich. Ich gieße
Gift hinein, von der stärksten Gattung. Ohne
Zusatz verschluckt, tödtet es in wenig Minuten;
unter Getränk vermischt, wirkt es später, aber
gewiß, und ohne Rettung. (zu Klementinen) Ha,
Feindinn! die Du alle meine Anschläge vernich=

tetest, Du entfliehst meiner Rache nicht! Eine
Leichenbaare wird Dalheims Hochzeitbette!

(Dalheim, der vor Angst nichts von Laurens Reden mehr
hört, ist bey Klementinen niedergekniet; Gräfinn Holdberg neigt sich auf ihre Tochter.)

Graf Holdberg. (zu Lauren) Furie! Dich ver-
schlingt die Erde nicht! (zu Klementinen sich wendend)
O, meine Tochter! meine unglückliche Amalie!
Man ruffe augenblicklich den Doctor!

Commissär. (zum Gerichtsschreiber) Auch die Gerichtsdiener, damit sie die Boshafte wegführen.
(Der Gerichtsschreiber geht ab.)

Laura. Laura weiß die Augenblicke ihrer Freyheit zu gebrauchen. (indem sie dieß sagt, greift sie in ihren Busen, zieht ein kleines Fläschgen heraus, das sie, ehe man
es verhindern kann, austrinkt) Jetzt trotzt sie allem.
Keine Viertelstunde, und sie hat aufgehört zu
seyn.

Klementine. (die Laurens Handlung gewahr wird)
Man rette die Elende!

Laura. Nichts rettet uns beyde. Bald wirst
Du die Wirkung des Gifts empfinden. Es
war eben dasselbe, das ich verschluckte. —
Schon fühl ich — Welche Schmerzen! Kal-
ter Schauer! — Der Tod! Doch meine
Feindinn —

(Der

(Die Gerichtsdiener sind inzwischen hereingekommen, und unterstützen Lauren von beyden Seiten.

Graf Holdberg. Noch jetzt, Ungeheuer! noch jetzt bereuest du dein Verbrechen nicht?

Laura. Was Reue! — Fort! — Nicht vor ihren Augen. — Diese Freuden ihnen nicht! —

(Die Gerichtsdiener schleppen Lauren fort.)

Commissär. Aeußerste Wuth!

Zehenter Auftritt.

Graf und Gräfinn Holdberg. Klementine. Graf Dalheim. Der Commissär; hernach der Doctor.

Gr. Dalheim. (eilt dem Doctor entgegen) O, helfen Sie! helfen Sie!

Gräf. Holdberg. (mit gefalteten Händen) Ach! retten Sie mein armes Kind! Sie sagten ja, Sie hätten Gegengift bey sich.

Doctor. (heftig) Wie ist das Fräulein vergeben worden?

G

Graf Holdberg. In einem Trunk Wasser.
Laura hatte etwas von einem Elixir hineinge-
gossen.

Doctor. (erschrocken) Ich kenne dieß Gift; eines der stärksten! Es war mit unter den andern,
die man gefunden hat. — Leider! hab' ich kein
Gegenmittel bey mir.   Bis ich in die Stadt
fahre, bis ich zurückkomme — Blos Linderung.

(Geht eilig ab, um Arzney zu holen; alles ist, aus Uebermaaß des Schmerzens, stumm.   Leonore tritt herein.)

Eilfter Auftritt.

Die Vorigen, außer dem Doctor.   Leonore.

Leonore. Hier ist sie, die an allem Schuld
trägt. (fällt vor Klementinen nieder) Ach, vergeben
Sie einer Unglücklichen! Gram und Verzweiflung wird sie in das Grab stürzen. Ich Elende,
verschaffe durch mein Weggehen der Verruch-
ten Gelegenheit, reiche selbst das Gift! o Gott!

Klementine. (Leonoren freundlich die Hand reichend)
Du brauchst keine Vergebung, meine liebe Leonore! War es Vorsatz, mir zu schaden? Nein,
er kam nicht in dein Herz.   Mein früher Tod

war beschlossen. Nicht mich, Leonore! nein, (auf ihre Aeltern und Dalheimen zeigend) diese hier be-. klage. Ihr Kummer dringt mir in die Seele. (es herrscht eine traurige Stille. Leonore steht auf.)

Graf Holdberg. Ach, Tochter! wie sehr beugst Du uns! Mußten wir Dich finden, um Dich sterben zu sehen..

Gräf. Holdberg. Deine Mutter überlebt Dich nicht.

Gr. Dalheim. (kann aus Uebermaaß des Schmerzens nicht reden) Ach!

Klementine. Alles weint! Ich die Ursache, so vieler Thränen! — Theure Aeltern! Beruhigen Sie sich. Ihre Tochter ist ja nicht so unglücklich. Genoß sie nicht die Freude, Sie wieder zu finden? Stirbt sie nicht in Ihren Armen, mit Ihrem Seegen begleitet? Und Dalheim! der Klementinen so wahr, so uneigennützig liebte, wird er seine Großmuth nicht bis ans Ende zeigen? — Hofnungen, nahe Hofnungen verschwinden sehen, ist schmerzlich. Aber, Dalheim! (sie reicht ihm die Hand) edler, bester Mann! Versagen Sie Ihrer sterbenden Geliebten die letzte Bitte nicht. Schenken Sie

ihr zwar ein ſanftes Andenken; das erlöſche nie; aber es ſey von keiner Quaal begleitet! (alle drey zärtlich anblickend) O! Sie hören mich, Sie verſprechen mir es?

Zwölfter Auftritt.

Alle Vorigen. Der Doctor.

Doctor. (der vor Freude kaum reden kann) Ich bringe Troſt; ich bringe Freude.. Gnädiges Fräulein! Sie ſind nicht vergiſſet. Der Himmel, der Himmel ſelbſt, hat Sie bewahret.

(Alle gerathen in ein freudiges Erſtaunen. Dalheim, der gleich bey den erſten Worten aufgeſprungen iſt, umarmt den Doctor.)

Gr. Dalheim. Freund! liebſter Freund! (ſich wieder zu Klementinens Füßen werfend) O, Klementine! meine Klementine! Sie leben, Sie leben für mich!

Graf Holdberg. Gott! wie unverhoft!

Gräf. Holdberg. (noch furchtſam) Aber iſt's auch gewiß? Welche Sicherheit?

Doctor. Bland, damals noch in Freyheit, geht durch das Vorzimmer, ſieht das Glas ſtehen, trinkt es aus. Ein Bedienter ſchenkt anderes geſundes Waſſer ein. Dieß bringt Leonore dem Fräulein. — Schon empfindet Bland tödtliche Schmerzen. Bald folgt er Lauren.

(Alle geben ihr Erſtaunen zu erkennen.)

Commiſſär. So behält der Himmel ſich ſelbſt beyder Strafe vor.

Gräf. Holdberg. Aber wenn Klementine nichts ſchädliches trank, woher kömmt die Mattigkeit?

Doctor. Iſt ſich, nach allem, was das Fräulein ausgeſtanden hat, darüber zu verwundern? Ruhe und Vergnügen des Geiſtes geben dem Körper bald wieder Kräfte.

Leonore. (zu Klementinen) O, meine theure Gebieterinn! Sie verzeihen mir doch?

Klementine. (ſteht auf) Du fragſt Leonore? — In dem Augenblick, da der Himmel Wunder für mich thut, da er mir Leben, Aeltern, den würdigſten Gemahl ſchenkt; kann

etwas anders mein Herz erfüllen, als Freude
und Dankbarkeit.

(Dalheim küßt Klementinen entzückt die Hand. Ihre,
bald auf ihn, bald auf ihre Aeltern gerichteten
Blicke, zeigen Freude und Zärtlichkeit. Der Commissär, der Doctor und Leonore nehmen durch Gebärden Theil. Der Vorhang fällt zu.)

Ende des fünften Aufzugs und der gan-
zen Handlung.